中学语文阅读教学探究

邰姗姗　邱光莉　顾　斌　刘寒青　编

北京燕山出版社

图书在版编目（CIP）数据

中学语文阅读教学探究 / 邰姗姗等编. — 北京 ：
北京燕山出版社，2022.10

ISBN 978-7-5402-6713-1

Ⅰ. ①中… Ⅱ. ①邰… Ⅲ. ①阅读课－教学研究－中
学 Ⅳ. ①G633.332

中国版本图书馆CIP数据核字（2022）第205440号

中学语文阅读教学探究

编者：邰姗姗　邱光莉　顾斌　刘寒青
责任编辑：邓京
封面设计：马静静
出版发行：北京燕山出版社有限公司
社址：北京市丰台区东铁匠营苇子坑138号
邮编：100079
电话传真：86-10-65240430（总编室）
印刷：北京亚吉飞数码科技有限公司
成品尺寸：170mm×240mm
字数：222千字
印张：14
版别：2023年6月第1版
印次：2023年6月第1次印刷
ISBN：978-7-5402-6713-1
定价：86.00元

序

罗福权（特级教师）

　　笔者所处的学校是一所农村乡镇中学，在少数民族聚居地，学生从小生活在农村，学习基础差，听不懂老师讲课，语言表达苍白干瘪，不能正视学习中存在的问题，阅读理解能力弱，对学习缺乏自信心，而且80%的学生是留守儿童。

　　学生除了课本之外几乎没有课外书，山区的闭塞限制了学生的想象，所以学生写作的语言显得空洞而平铺直叙，意境不够深远。而新课程中提出：中学生的作文教学，以培养学生的生活观察能力、语言表达能力、写作能力为目的。而重视阅读，有助于训练学生听、说、读、写能力，从而提高学生的写作水平，拓展学生的语言表达能力，提升学生的语文素养，激发学生的写作热情，点燃学生的创作灵感，把学生培养成语言表达和书面写作的能手。古往今来，许多成名成家的文化名人都是"读"出来的，叶圣陶说："他们有个不二法门，就是熟读名文，读着读着，自己顿悟。"读优秀的文学作品，能够丰富人的精神世界，提高人的审美能力和综合素质，培养人的文化气质。以读为本，还能够加强语感训练，提高学生对语言文字的感受能力，也有利于积累词汇与语言材料。古人云："读书破万卷，下笔如有神。"各种书刊可以为学生写作提供可借鉴的词汇、材料和技巧。

　　多读书，读好书，不仅可以开拓视野，陶冶性情，积累精华，博采众长，而且有助于观察世界、体味人生，从而充实自己、提高自己，日久天长，潜移默化，写作水平自然会提高。基于以上种种原由，邰老师在网上搜索初中生的必读书目，并精选了25本经典图书，如《爱的教育》《西游记》《钢铁是怎样练成的》等适合学生阅读的相关章节汇编成《名著典藏》，印刷成册供学生阅读。邰老师几年的研究探索得出的经验整理结集在这本著作里，现在这本著作就要问世了，这本著作里处处都浸透着通过阅读提高语言表达能力的创新思维和独到之处。

本书有四章，第一章"阅读教学探讨篇"是邰老师多年来在阅读教学、引导学生进行阅读训练等取得的一些实践经验和方法总结，如在引导学生进行名著阅读时，"读"出诗道，"释"出意味，"品"出章句，"诵"出真情，让学生在阅读名著之前先了解作者背景，对作者的有关情况有所了解（包括作者生平、家庭背景、政治思想、生存状况等），这将有助于学生对其作品内容的阅读理解。如阅读《红楼梦》，应对曹雪芹的身世有所了解；阅读《聊斋志异》，要了解蒲松龄的身世遭际；阅读《钢铁是怎样炼成的》，就要知道奥斯特洛夫斯基的生平经历。避免了有的同学在答名著题时，连作者都想不起来，甚至出现张冠李戴的情况，这些都是因为对作者生平经历不甚了解造成的。邰老师作了深入研究之后把自己的研究所得毫无保留地呈现给大家，将研究者的亲身体会与收获整理成册供我们借鉴，在他的笔下我们无不感受到他用心实践的心路历程。从书中，我们似乎可以窥见邰老师研究的深度和厚度，让学生多角度、多方位、多层面以读促思，以思促感，以感促悟，以悟促情，旨在思、感、悟、情进行深度思想交流后使阅读更有效。

第二章"阅读教学案例篇"是阅读课教学中的一些比较成功的教学案例，让同学们从中自己摸索总结出经验，养成良好的阅读习惯，从名著里汲取更多的养料。读名著塑人物，名著中塑造的人物形象众多，而且每一个人物都有各自的性格特征。一部《三国演义》，光主要人物就有一百多位，但一说到足智多谋、为蜀汉鞠躬尽瘁的军师，我们就知道此人是诸葛亮；一提及"挟天子以令诸侯"的权臣，我们就知道是曹操。人物性格不同，发生在他们身上的故事也就不尽相同。《水浒传》中鲁提辖三拳打死镇关西，《西游记》中孙悟空大闹天宫，《红楼梦》中刘姥姥"见笑"大观园，都是人物性格使然。

第三章是"阅读教学实践篇"，是阅读教学活动中学生写得较好的一些读后感。如让学生阅读名著时先理清故事情节，小说是通过故事情节的叙述来反映社会生活的。同学们之所以爱读名著，就是因为名著的故事情节生动有趣，吸引人的眼球。由于不少名著都是长篇巨制，故事情节复杂多变，再加上作者创作手法不同，所以只有理清故事情节，才能把握全篇。如长篇小说《水浒传》，总的故事是写以一百零八将为首的英雄好汉们被残酷的社会现实逼上梁山，走上造反之路，但在每一回里，又根据情况的不同有具体的故事情节。九年级《语文》上册入选的《智取生辰纲》，就是节选该书的第十六回"杨志押送金银担，吴用智取生辰纲"，这里的"智取"就是故事的主要情节。理清故事情节后，让学生把自己的读后感写出来。这里的读后感有两个含义：一是读完名著后，自己写出读后感；二是看别人写的读后感。自己写读后感，势必要回顾原作，咀嚼回味，从而加深对原作的进一步理解。看别人写的读后感，既能观照自身的阅读经验，又能发现自己读后感中的不足，从而提高自己的鉴赏能力，古谓"以铜为镜，可以正衣冠"，今言"读他人之作，思自我不足"！

第四章"阅读教学作文篇"是邰老师在开展研究"苗族地区运用阅读名著的方式培养初中生汉语言表达能力"这一课题后，学生在写作上所取得的成果，收集了学生意境高远、创作新颖的一些优秀作品，洋洋洒洒的文字让我们感动于这群孩子的天真烂漫。作品中有写师生情谊的，有写人生理想的，有写对生命无限思索的。文字质朴、亲切、甜美，字里行间散发着泥土的芳香，作品中浸透着诗与远方，学生作品里引用了不少名言警句，源于平时引导学生阅读时多摘取名言警句，有助于提升学生的文学素养，提升他们的文化品味。如俄国作家列夫·托尔斯泰的名著《安娜·卡列尼娜》，开头的一句话："幸福的家庭都是相似的，不幸的家庭各有各的不幸。"又如我国四大名著每一章回的回目，均用对偶句的形式列出，提纲挈领地概括出每一回的内容，记住它们，就记住了章节的主要内容。还有一些名著对人物有高度概括的评语，也应注意积累，如"机关算尽太聪明，反误了卿卿性命"，就是《红楼梦》中评论王熙凤的悲惨下场的诗句。学生可以把这些精美的名句用在自己的作品里以提升作文品质，可谓"腹有诗书气自华，读书万卷始通神"。

通过本书的出版，希望同学们继续以名著为依托，延伸经典轨迹，通过阅读经典名著提升文学素养，增强语言积累，也希望广大读者能提出宝贵的意见和建议。

目　录

第一章　阅读教学探讨篇

第二章　阅读教学案例篇

第三章　阅读教学实践篇

第四章　阅读教学作文篇

阅读教学探讨篇

探讨初中语文"阅读教学艺术"

邰姗姗

岑松中学坐落于岑松镇苗寨村狮子山脚，位于剑河县城的东面，学校距剑河新县城17千米，距温泉旅游区12千米，是全县规模最大的一所乡镇初级中学，全校共有23个班级，学生1200多人，绝大多数学生都是苗族，留守儿童居多，在这个远离城市喧嚣的偏远落后的山区，不会说汉语、基础薄弱、表达不流畅等因素导致学生普遍阅读水平较弱、语言素养低。鉴于这种情况，2020年我在上海华东师范大学参加"贵州省第五批省级乡村名师班"培训回来后就进行了一些阅读教学的尝试，现将自己的一些不成熟的做法在此分享。

一、阅读教学的基本目的

通过阅读教学实验，使学生学会一套阅读方法，学生自己能读书，自己能积累，养成阅读习惯，学生通过阅读获取知识信息。实验期分为三个阶段，第一阶段为第一学年，第二阶段为第二学年，第三阶段为第三学年，各学年具体目标要求如下。

第一学年：逐渐培养学生的阅读兴趣，学会运用工具书帮助阅读，初步掌握阅读的基本方法，逐步养成阅读习惯，学会写读书笔记，能完成教师指定的阅读任务。

第二学年：养成自主读书的习惯，有目的、有计划地阅读课外书籍，在阅读过程中逐步学会积累，在阅读中获取知识，学会运用阅读知识来写作文。

第三学年：学生自己能读书，能积累，能写读书笔记和心得体会，学会浏览和精读，基本掌握读书的一般技巧，在阅读中根据自己所掌握的一些知识，针对书中的观点提出自己的看法，学会欣赏文学作品。

二、充分发挥目标的导向作用

（1）给学生营造一个良好的阅读环境。为了培养学生的阅读兴趣，在第一阶段就在班里创办了一个图书角，一方面动员学生捐书120册；另一方面是到一些相关部门求助，得到捐赠图书130册。这样，我们就有了250册图书，给学生提供了阅读的平台和保障。

（2）在课堂教学中，保证有三分之一的时间让学生阅读课文，学生的早读必须用来读书，不能被其他活动占用。

（3）指导学生的阅读方法。一是指导学生有目的地阅读，有针对性地阅读；二是要学会浏览和精读；三是要养成边读边思考的习惯；四是要做好阅读笔记，每读一本书都要把体会写在笔记本上。

（4）课前三分钟发布新闻。为了培养学生的口头表达能力和观察能力，在每节课前用三分钟发布新闻，让学生讲校内外新人新事或者国内外大事。

（5）每周检查学生的课外阅读情况。每周规定学生写一篇课外读书笔记，把课外读书的基本内容或者感受写出来，每月统计一次，并在班上公布。

（6）开展阅读竞赛活动。在教学活动中，有时为了调动学生的阅读兴趣，采取多种形式开展阅读竞赛。如诗歌朗诵比赛，主题演讲比赛，讲名人故事、诵时代楷模等主题教育党团课活动，课外知识比赛，文学常识抢答赛等。

三、收获与体会

（1）激发学生的学习兴趣。在探究过程中，实验班有大部分同学对课外阅读非常感兴趣，每天的课外时间有不少学生都在看课外书，每周的课外时间实验班人均阅读课外书四万字以上，一个学期可以阅读八十万字以上。

（2）学生的思维活跃，写作水平显著提高。学生经过大量阅读古今中外的名著之后，从中得到作家作品的熏陶，思维比原来活跃得多，视野开阔得多，写作构思有一定的创造性。有几位同学的作文还刊登在校刊《源泉》上。在作文比赛中，我所执教班级的学生获奖人数最多。学生在30分钟内能写600字的作文。

（3）学生的口头表达能力明显进步。有几个来自稿旁村的学生，入校时说话语无伦次，作文语句极不通顺，课堂上不敢发言，担心同学们发笑。但经过我进行一系列阅读课指导教学之后，这些同学进步很快，课堂上积极发言，语文成绩不断提高。例如，刘小梅同学第一学期统考成绩第二十八名，第二学期统考跃入全校第八名。

（4）学生养成了阅读的习惯。在老师的认真指导下，学生学会了读书的基本方法，养成了读书的良好习惯，每天到学校的时候，自然而然地去图书角找书看。

总之，培养学生阅读能力，养成良好的阅读习惯，提高中学生阅读水平的任务任重而道远。深入开展阅读习惯养成教育的研究，是当下语文教师的责任，让我们共同努力，在这个喧嚣的时代给文字留出一席空地，让它开出绚丽的理想之花。

浅谈民族民间文化在语文阅读课堂教学中的渗透

邰姗姗

我国人口众多，历史悠久，在56个民族中苗族的习俗极为丰富，这些习俗不仅伴随着历史的发展而传承、发展、消亡、演变，而且反映了各个历史时期的社会物质生活和人们的精神面貌。

2002年毕业后，我就一直在苗族聚居地工作，对当地的一些民族习俗有所了解，一次无意中与学生们谈到他们本民族的一些乡土文化，却发现他们实际上对这些民族民间文化知识知之甚少，作为语文老师的我深感自责，语文知识来源于生活，可是我们却忽略了对于民间文化的热爱和培养，因此，在以后的语文教学活动中我尽可能地去渗透一些民间文化，培养学生对本民族文化的热爱，下面我就以《云南的歌会》一文为例谈谈我在教学中关于传承民间文化的几点做法。

一、结合教材，抓准契机，课堂渗透

课堂是老师和学生沟通的纽带，无论是知识还是情感，在课堂上传递是最好不过的方式。由于《云南的歌会》这篇文章主要写了云南三种不同场合的民歌演唱，演唱的方式和内容都不相同：山野对歌，对歌具有对赛性质；山路漫歌，这是即兴的自由歌唱；村寨传歌，这是一次民歌的展览，是一次民歌的课堂。于是我便与考生展开了下面的对话：

师：你们这里有情歌对唱吗？

生：有。

师：你们是通过什么形式对歌的？

生：男女青年，身着节日盛装，在斗牛场对歌，女的唱，男的答，唱得情投意合时，就各自走出自己的队伍，把自己事先准备好的东西赠予对方（女的一般是送自织的苗带之类的信物，而男的则是赠送手饰之类的物品当作信物）。

师：那么你们一般在什么节日对歌呀？

生：二月二。

师：为什么二月二对歌呢？

生：听老人们说，这一天是为了纪念一对青年男女的爱情故事。传说有一年二月二，一位青年男子到山上打猎，忽然从远处传来求救声，青年循声望去，发现声音是从天上飘来的，一只大雕正叼着一位美丽的姑娘在天上飞，于是小伙子立刻取下猎枪把大雕打死，并救了这位姑娘。姑娘的父母为了答谢这位青年，在当天便把他们唯一的女儿许配给了这位救命恩人，小伙子非常高兴，便采来了竹子当作乐器吹起来，寨子里升起篝火，人们载歌载舞，把小伙子和他的新娘围在中间，小伙子从打下的大雕身上取下几根美丽的羽毛插在新娘的头上，新娘的脸映着篝火漂亮极了。就这样篝火歌会的传统便流传了下来，人们把小伙子用作乐器的竹子加工成了芦笙，插在新娘头上的羽毛装饰演变成了银制的头饰，而他们成亲的那一天，也就成了今天我们苗族人的情人节。

师：那头饰上为什么还有牛角式样呢？

生：水牛可以说是我们苗族人最崇拜的（图腾）。在我们这里，每家都要供养一头水牛，供养的牛我们苗族人家称为鼓藏牛，每三年我们就要过一次祭鼓节，因为传说我们祖先的灵魂寄居在木鼓里，祭鼓节就是敲击木鼓，以召唤祖先的灵魂前来享用儿孙们给他们的供品。主要的祭品就是鼓藏牛，一个家族的鼓藏牛也是为此而饲养的，祭祀完后牛角割下来放在族长家正屋的祖先牌位上。所以苗族妇女的头饰上就有了牛角的图形。

听了同学们绘声绘色的讲述，我想并不是学生们淡忘了本民族的文化，而是作为教师的我们疏忽了这方面的教学渗透和启发。俗话说打铁要趁热，我便在课堂结束时给了他们一个任务，每个人都做一回记者去采访一位本村老人，了解当地还有哪些其他的民族风情、习俗，采访后用笔记录下来，作为本周的周记。

二、课外延伸，收集材料，激发情趣

上节课在《云南的歌会》这堂课中布置了任务，在同学们交上来的周记中有一位叫姚阳云的同学这样写到：

桥，是我们苗家人寨子的象征，每到一个苗族村寨，寨前都会有一座桥，我们把它称为"风雨桥"，有桥就有人家（据说我们的神灵就居住在桥头），只要过了桥就平安了，每年二月二，苗家人都要带着蛋、酒、糖、肉，还有一个火把（传说这个火把就是继承香火的意思）到桥上祭拜，最主要的就是希望神灵赐予一个男孩子，以延续自家的香火，就这样代代相传，形成了今天的祭桥节。

是呀！桥就是他们寨子的守护神，有了桥的守护，妖魔鬼怪就都不敢再来了。小桥、流水、人家构成了苗乡一道独特的风景线。

还有另一位男同学用苗文写下了一首情歌，大体内容是：

快来吧，阿妹，跟哥一起把活干，明早天一亮，妹就会起来洗锅把饭做，哥会扛起担子到坡上去割草把牛喂，割得七把草，挑回到家门口，一只手拿镰刀，一只手推门，问妹饭做好了没有，妹说脸帕在旁边，锅里有热水，先洗脸再来吃。

学生采访收集的资料都体现在了他们的日记本里，我一边看着，一边品着，字里行间充满古朴的民间文化韵味，处处洋溢着学生们对本民族文化的浓厚兴趣。我想，仅仅向老人去了解是不够具体和深入的，于是在今年过二月二的时候便强调让同学们在节日期间深入实践，让他们动手和母亲一起准备过节的祭品，去感受、去体会浓郁的节日氛围。

三、留心生活，深入实践，陶冶情操

过完二月二（情人节）回来后，还没等到上课，有的同学就把他们带来的祭桥的东西（鸭蛋、糯食粑……）送给我。"老师，你吃了这个鸭蛋就会平平安安、健健康康的。""老师，我也为你祈祷了，神灵一定会伴你左右，保佑你的……"没等他说完，另一个同学抢着说："老师，我听到他们对歌了，学了两句，唱给你听……"

看着他们，我顿时感觉有一股无穷的力量充斥在我身体里，苗族是历史悠久的古老民族，在这方土地上，生活着淳朴、热情好客的苗家人，他们在这里繁衍生息，形成了自己的民族习俗和特有的文化，这些充满浓厚底蕴的民族文化是宝贵的财富，我通过让学生参与实践，不仅丰富了学生的感性认识，而且陶冶了他们的情操，接近了他们与本民族的文化和历史的距离。

几年的教学实践让我深深地感觉到，作为一名语文教师，不能只着眼于传授书本上的那几篇课文。语文是一门综合性的学科，语文的写作素材来源于生活，生活中的民间文化更是一本广大无边的教材，我们万万不可忽略在教学中对民间文化的渗透。我想，只有在课堂教育渗透下，把民族民间文化融入课堂教学中，让学生留意生活，把语言学习上升到另一高度，在生活中学习语文，才能更好地掌握语文，实现大语文工具性和人文性的统一。

农村初中语文阅读"一改、二深、三多维"教学范式探究

顾斌

作为一名县级兼职教研员，通过平时深入农村基层初中参加语文学科的观课和听课，了解了农村初中语文学科阅读教学存在的一些问题。

（1）语文阅读教学目标不明确，想要面面俱到，什么东西都想讲，结果啥也没讲好。

（2）语文阅读教学仅仅局限于课堂，缺乏适当的拓展，图书馆成了摆设，很多书籍堆在角落无人翻阅。

（3）语文阅读教学单单就是为了应试，学生普遍缺乏语文阅读的知识运用能力。

阅读教学是初中语文教学的重要内容。农村初中由于受到多种因素的限制，阅读教学一直都处于困境，是一个困扰老师和学生的难题。基于此，笔者对关于语文阅读教学模式的一些文献进行了研究和整理，构建了以下阅读教学范式，通过在教学实践中对学生的分组实验，总结出以下值得推广的教学范式。

一、"一改、二深、三多维"的具体定义

"一改"指改变老师的教学观念，应试型教学必须向应用型教学过渡。

"二深"指加深教材广度拓展延伸，教材是课程标准的重要资源，不是唯一资源。

"三多维"是指多个维度思考问题，学会质疑，学会独立思考，学会创造性思维，最终以现实生活为向导。语文要走实用型道路，服务于社会生活。

二、具体操作

应试教育会对孩子们的语文学习兴趣产生影响。语文回归生活是大趋势，是必然导向。笔者所在的重安中学是一所农村中学，笔者在阅读教学上一直倡导语文学习以生活实际运用为原则，强化学生的写作能力、理解能力等综合能力，在中考和平时期末检测中班级均分都能超过县城大部分班级。

语文教材体现了课标的要求，受课时和知识水平的局限，学生学习不能面面俱到，阅读教学目标的设定一定要精准，以教材为准适当地进行拓展，阅读的最终目标是要学会运用，从拼音识字，遣词造句，再到谋篇布局，只有在语文的实践活动当中才能真正把握阅读的方法。

（一）初中语文阅读教学基本操作三步骤

1. 初读发现词汇美，再读品味文章的语言佳，深读体会修辞妙

在实际的教学过程中，笔者会先让学生快速地阅读作品，找出自己认为很美的词汇，然后对这些词汇进行赏析，接着让学生感受作者的语言，在课堂上交流，归纳总结出作者的语言特点。最后我们会让学生在读的过程当中找出文中所使用的修辞手法，并且对这些修辞手法的应用进行评价。这些操作我们都会让学生在课堂上合作完成，语文阅读课堂教学是通过一个又一个的学生活动来具体实施的。

2. 加深教材广度拓展延伸，引导学生向生活延续，学会正确的批注方法

在加深教材的广度和拓展延伸的过程中，我们会让学生去阅读与作者相

关的其他作品。比如我们在学习初中课本里刘慈欣的《带上她的眼睛》这篇课文时，就让学生去图书馆找到了刘慈欣的小说《三体》及其他一些作品进行阅读。在学生读刘慈欣作品的过程当中，我们让学生学会用波浪线画重点，用红圈标注重点段落，用各种符号来对这些作品进行批注，不懂的字词马上就查字典，看到精美的段落就抄在自己的摘抄本上，并且会让学生记录下阅读过程中独特的阅读感受。教学的基础源于课堂，但并不限制在课堂之内。

3. 多维度的阅读，在实践中获得语言能力，学会创造性地思考问题，学会质疑课文，质疑教材

我在《西游记》的阅读教学中，就曾经对学生提出过这些问题：假设你是如来你会怎样重新规划西游团队取经的路线，你又将怎么去设计九九八十一难？假如你是孙悟空的话，在西游这个团队当中你会做哪些具体的事情呢？如果你是孙悟空，你的表现会比他更好吗？等等。

在《水浒传》阅读教学时我提议让学生尝试从另一种角度认识宋江这个人物，并且让学生思考如果你是宋江你会带着你的团队做些什么？

又如，假如你是骆驼祥子，虎妞死后你会怎么做？假如说你是虎妞，你会怎样对付你讨厌的父亲刘四爷？《木兰诗》中的木兰进入军营多年，人们怎么可能发现不了她就是个女孩？历史上真实存在花木兰吗？

（二）初中语文阅读教学理论支架搭建

1. 从语文基础知识的认知到语文知识的迁移，再由迁移变成对实际知识的掌握和运用

初中语文阅读教学离不开语文基础知识，我们必须从字、词、句、篇这些基础入手，再过渡到读懂语言、掌握修辞、应用语言、自由创作。在语文阅读教学中一定不能忽视对语文基础知识的掌握，平时我们应当强化语文基础知识教育，打牢基础。

2. 从谋篇布局到文章选材依据再到语言目标的达成

讲到阅读教学就不得不提到作文的教学，在带领学生学习典型的写作范例的过程中，使学生了解到写作中既要做正面的描写，也要做侧面的描写；

作文主题应该是抒发健康的、高尚的情感；语言表达既要真实，又要有内在的情感；充分利用各种各样的抒情手法，借景抒情或托物言志；表达方式要直抒胸臆或委婉含蓄；等等。学习运用这些手法和技巧，相信学生的作文会有很大的进步。

3. 朗读、默读、跳读等多种方法综合运用

多种阅读方法的运用其实就是为了让学生在以前的阅读学习的基础上拥有能够快速运用阅读知识的能力，提高学生的阅读速度，这也是学生学习的一个重要环节。

4. 联系现实生活，比较文章的异同，展开丰富的联想

欧美国家的阅读作品都注重联系现实生活，并在现有的科学基础假设上展开丰富的想象，我们在名著导读当中提到的《海底两万里》，其实就构架在当时最先进的科学设想之上，《人类的潜水艇》等文中出现的设想也被后人实现。

5. 基于教材，基于文学，勤于练笔

语文的阅读源头应该是基于人教版的教材，所有的阅读教学应该都围绕教材来展开，我们应该遵循文学创作的规律，经常去构思一些小的创作或者进行一些小的练笔。所以，在教学中各种类型的作文都是必不可少的，通过各种大小的作文练习，可以使我们的阅读水平得到巩固和提高。

6. 课堂尝试引入课本剧，从改编到续编，从模仿到独立创作

2020年，在上海闵行教育学院一次暑期培训中，我首次见到了课堂剧模式的语文课阅读教学的演示，我也尝试着把这个新模式引入我的课堂。通过两年来的不懈努力，学生们也学会了创作课本剧。2022年，我们在表演课本剧《卖油翁》的过程中，学生提出按照课本用古文演一遍，再用现代汉语演一遍，最后再用卖油翁这个故事进行二次创作，把射箭用的靶子变成了一个会自动报靶的机器人，这个小细节的创作使得整个表演充满了现代感和科幻感，受到了许多听课老师的一致表扬。学生们在表演中感受到了学习语文阅读的重要性，也由此更加喜欢学习语文了。

综上所述，农村初中语文阅读"一改、二深、三多维"的教学范式在现实的教学中可以说是一种具备一定推广价值的好的教学范式。

初探运用多媒体进行阅读教学悖论

顾斌

关于运用多媒体教学的好处，如多媒体的直观性、形象性等已经有不计其数的文章做了方方面面的陈述。因此，不少教师喜欢借助多媒体进行教学。我以为，把多媒体作为语文教学的点缀尚可，若每节课上都用，过分依赖，则未必见佳。

从语文学习的角度来说，我觉得阅读、感知文本然后赏析自悟是一种大语文观。本学期我上了几节多媒体课，除在个别环节有可取之处外，总体效果并不理想。

一、几点可取之处

（1）几幅图片化解了文章的抽象表达。《大自然的语言》一课中，文章一开始描述四季景物的变化，使用"苏醒、融化、次第、销声匿迹、衰草连天、风雪载途"等词，用多媒体出示几幅相关图片，就能够让学生更加形象地理解这些词语表达的情景，使用单纯的语言解释不能达到这样的效果。

（2）可以展示事物发展演变的过程。《恐龙无处不在》一文，学生对大陆漂移学说难以理解，多媒体可以把地球的几个大洲重新拼在一起，构成一个整体，会发现原来地球是经过长期的地质运动才逐渐分离成了现在的样子。通过多媒体演示，学生对漂移学说的理解就更加清楚了。

（3）能为课堂练习提供容量较大的材料。语文的课堂练习要使用的材料比较多，用抄写板书的形式是难以完成的，发放印刷材料成本高，不宜经常进行，这个问题一直以来困扰着语文老师，多媒体正好弥补了这一缺陷，给语文课堂练习解决了一个难题，提高了教学效率。

二、多媒体在语文教学中的弊端更令人深思

（一）学生的想象力如何发挥

阅读就是要通过文字的内在含义来展开想象的空间，让学生产生灵感，发挥自己的创造力，从而提高他们阅读文本、赏析诗词曲赋的能力，而多媒体教学课件不管是由教师自制还是来自网络下载，都是事先设计的，教学内容、教学环节甚至问题的设计都早已安排好，课堂上，教师只是按照准备好的流程机械地操作鼠标，完成各个教学步骤。教师已经把学生要走的路径锁定了，就像一个导游一样不能让游客有自己选择的自由，不敢越雷池一步，这是一种高度模式化的教学，与新课程理念格格不入。新课程提倡以人为本，高度重视课堂的自主性，而多媒体教学则从根本上忽视了学生的存在，完全是老师自我的表现，对学生的思维产生了严重的束缚，不利于培养学生的创新思维与创新能力，影响学生想象力的发挥。

（二）师生怎样在阅读中交流情感

多媒体教学大多用不到板书，像我校的多媒体教室则根本没有黑板让老师做板书。课堂上，师生忙于应付眼花缭乱的课件，教师的注意力放在课件衔接上，无暇顾及学生，学生要么忙于抄写课件展示的内容，要么漠然地盯着屏幕，没有阅读的时间，也阻碍了师生情感的交流。过去的课堂是老师一言堂，现在的课堂则是多媒体课件代替老师的讲授，代替学生阅读，也代替了学生思考，老师的课堂语言最多的就是"请看大屏幕"，原来在讲授间的诙谐幽默也很少有机会施展。其实，多媒体的无言展示与过去老师的一言堂

同样不利于师生情感的交流。

（三）怎样激活课堂气氛

运用多媒体辅助教学看似能充分调动学生的各种感官，激发学生学习语文的热情和强烈的求知欲望。实际上，由于多媒体教学格式化、定义化、程序化的特点，整个课堂只能按照教师事先设计的程序按部就班地进行，每篇课文也是由教师分割成若干支离破碎的板块作定式的学习，学生只能被动接受，有的课件也设计了学生讨论的环节，提出了讨论的具体问题，但是因为整个课堂是封闭的，是预设的，学生的思维已经被定住了，再难活跃起来，很难再见热烈生动的气氛，落后的"填鸭式"教学又讽刺性地出现在现代化的多媒体教学课上。

（四）怎样培养学生的朗读能力

多媒体教学使老师的范读似乎显得多余了，取而代之的是录音朗读。这固然可以让学生听到更为标准的普通话，弥补了部分老师尤其是方音较重的老师朗读上的不足，但是，朗读能力并不只体现在字词的读音上，更主要的应该是体现在对文章的理解上，老师的范读体现了他对文本的个性化解读。老师个性化理解的范读，对学生朗读能力的培养作用是不容置疑的。而多媒体课堂不仅使老师范读这一环节缺失，学生朗读的时间也少了，那种书声琅琅的语文课堂少见了。长此以往，势必影响学生朗读能力的培养。

多媒体作为一种高科技教学手段，它的优势不可忽视，但是在语文教学中怎样运用才能最大限度地发挥它的优势，值得深入探讨。

新探苗族地区初中语文"听、说、读、写"能力综合培养的方法

刘寒青

我所带的七（3）班共有59名学生，其中48人是苗族，46人是农村孩子，大部分来自鸭塘、舟溪、下司等乡镇。他们的生活环境和家庭教育情况，决定了他们的阅读量少且知识面非常狭窄。要想让苗族地区的农村学生在"听、说、读、写"四方面均有发展，必须联系实际，另辟蹊径，找到解决之法。

现实中有一种不好的状况，语文教育大师张志公先生曾尖锐地指出："学生大学毕业了，工作所需要的语文能力还是没有。就是大家经常说的要写写不来，要说说不来……今天的语文教学要考虑到七八年、十几年以后需要什么样的语文能力，这是第一。第二，做到学用兼顾，学以致用。学语文，需要写，就能写；需要说，就能说。"张志公先生的一番话，表达出听、说、读、写仍是当代中学语文教学所要求的四个基本方面，也是当代中学生在语文学习过程中最易忽视的四个方面。

叶圣陶老先生曾说过："彼时国之意，以口头为语，书面为文，文本于语，不可偏指，故合言之语文。"

针对"听、说、读、写"这四大方面，中学语文教学大纲的具体要求是：

（1）用普通话正确、流利、有感情地朗读课文。

（2）养成读书看报的习惯。学会浏览、检索、摘录、制作卡片、写读书笔记等读书方法。

（3）养成观察分析周围事物、收集积累语言材料、勤动笔多修改的习惯。

（4）作文训练每学年一般不少于14次，字数不少于0.7万，其他练笔不少于1万字。45分钟能完成500字左右的习作。

（5）耐心专注地倾听，了解对方的意思，领会意图，抓住中心和要点。

（6）复述转述力求完整准确；讨论发言，围绕话题，简洁明了；讲述见闻，内容具体，语言生动。

本人围绕初中语文"听、说、读、写"这四方面能力的综合培养方法，结合班级教学情况，进行较详细的阐释。

一、课前三分钟演讲，以"读"促"说"，以"说"带"听"

（一）收集经典的励志散文

为了使学生能欣赏美文和感受美文，考虑到学生平时的阅读时间有限，只能在美文的篇幅方面进行限制，所以我要求学生提前找现当代经典的名家散文来阅读，可以选择鲁迅、朱自清、巴金、冰心等名家的作品，以及当代励志美文。

（二）欣赏美文

学生找到美文后，自己在课余时间熟读文章，要细细品读，认真体会。学生在品读中充分感受美文所带来的文字美感并受到一定的思想情感教育。学生通过品读，要先感悟，为背诵美文和分享美文做准备。

（三）背诵美文

学生在熟读美文后，尽量在短时间内把美文背下来，这样既锻炼了学生的背诵能力，又为学生储备了美文资料。古时学习很多经典文章，都是先背诵再慢慢品析的。

（四）学生在语文课前分享美文

学生背诵美文之后，再上台进行课前三分钟演讲。学生站在讲台前，向全班展示自己阅读的成果。因学生此前已充分准备，大多数能讲得绘声绘色、津津有味。

（五）美文听后的互动

演讲结束后发动同学评议，用"言之有据，言之有理，言之有序，言之有文"四条标准衡量优劣。

美文欣赏后，由演讲者在台上直接与其他学生进行互动。首先由学生概述文章，然后另找学生来总结故事所表达的道理，接着是由学生联系自己的学习或生活实际来谈心得体会，最后是演讲者再来谈所讲故事的中心思想。通过这个互动环节，来充分调动全班学生参与的热情和积极性，效果很好。

（六）"听后悟新"写听后感

在以上环节完成后，为了让学生更深入地理解美文的内涵和感受它的美，我根据学生演讲的实际情况，只要发现有教育意义和启发性的美文，就趁热打铁，马上布置学生写听后感。这一环节可以及时深化学生对美文的感悟。

二、以"读"帮"说"，以"说"促"读"

为了使学生更全面、深入地赏析美文，我在七（3）班设定了一节专门用于阅读的课。

（1）阅读的时间：每周二下午第一节课为全班学生的阅读赏析时间。

（2）阅读的内容：学生在前10分钟进行阅读方法的学习，用一定理论来指导阅读。后面35分钟学生选取自己喜欢的经典文章来阅读。

三、以"读"生"思"，以"思"促"写"

"写"是"读"的延伸和升华，让学生将阅读中产生的"奇思妙想"和"真情实感"及时记录下来，表达出来。

在阅读课后，学生要完成相应的阅读作业，具体的内容如下。

（1）每次作业至少摘抄10个以上的好词语，增加学生的词汇量。

（2）至少摘抄3个以上的好句子，丰富学生的积累。

（3）至少找到一个欣赏点进行赏析，提高学生的赏析能力。

（4）最后再写至少400字以上的读后感，深化对美文的感悟，提升学生用文字发现美、记录美和表达美的能力。

（5）除了周二的阅读课外，还在周四和周日布置阅读作业，保证了一周至少三次的阅读和写作的量。

四、学生分享自己的佳作

每周一上午第四节是学生作文的分享课，可集中品析本周所产生的优秀作文。

（1）班上有七个小组，每次就选七位作文优秀的学生上台给大家分享自己的佳作。

（2）分享完一位后，其他学生谈此篇佳作的优点和缺点。

（3）学生谈对作文的修改意见和建议。

（4）教师提出修改建议，及时鼓励、提高学生的写作兴趣，及时跟进、加深学生的认识。

五、加强写作技巧练习，加强写作实践指导

本班从这学期的第八周开始，周五上午的第二节语文课定为作文辅导课，专门讲解作文写作方法和技巧。从作文如何审题开始，一直到考场作文的写作方法，总共13个内容，较全面地讲解了初中学生应掌握的作文方法和技巧，包括习作中的注意事项。

作文辅导课的具体教学内容如下：

（1）作文的审题和选题方法；

（2）作文的立意；

（3）作文如何选材；

（4）作文如何取标题；

（5）作文开头的写法；

（6）作文结尾的写法；

（7）作文如何分结构；

（8）作文如何锤炼文字语言；

（9）作文的描写方法；

（10）作文的修辞方法；

（11）作文的修改方法；

（12）其他方面的问题；

（13）考场作文的写法。

六、"听、说、读、写"各能力综合培养效果好

综上所述，本人结合凯里市鸭塘街道、舟溪镇、下司镇等苗族聚居地的

初中生语文学习和教师教学的实际情况，专门摸索出一套适用于培养本地少数民族学生"听、说、读、写"能力的教学法。学生这四大能力不能单一地、机械式地培训。就其作用和特点来说，四个方面既有严格的区别，不能混为一谈、互相替代，同时又有紧密的联系，相辅相成、不可分割。在实际的语文课堂教学中，处理好听读说写的关系，对中学生语文能力的全面发展十分重要。经过本班学生的学习实践证明，此教法是行之有效的。

本人所带班级学生多次代表学校参加上级组织的各种语文比赛，并取得了较好名次。例如：罗瑀代表学校参加全开发区举行的"学习总书记讲话，做合格共青团员"的主题演讲比赛；唐碧芸、吴典虹等15名学生参加全市举行的"阳光校园"作文大赛，本班是参加人数最多的班级；学校的"播音与主持"兴趣小组总共只有18人，本班就占了8人，是参与人数最多的班级。据统计，到学校图书室借书人次最多的班级也是本班。

从以上成绩可看出，经过"听、说、读、写"四大方面综合训练后，本班学生逐渐形成了"善听、敢说、会读、能写"的能力。

许多实例证明，学生时代所形成的听、说、读、写能力会受益终生。所以应在学生时代好好珍惜这宝贵的学习机会，形成更多能让自己受益无穷、引以为傲的能力和特长，为将来成就一番事业铸造一对搏击长空、遨游万里的翅膀！

浅议如何立体掌握文章的写作背景和写作意图

——以陶渊明的《桃花源记》为例

刘寒青

我们发现在日常的语文教学过程中有这种现象：为了完成规定的教学内容，一些老师往往忽略了对写作背景的介绍。这对于语文教学来说是一种较大的缺失。笔者认为，了解写作背景可以帮助学生消除很多阅读的障碍，了解写作背景才能体会文章的情感，做出准确的评价，品味语言的精妙，获得阅读的乐趣。通过对写作背景的介绍，还可以探知作者真实的写作意图。

可以说每一部文学作品都有其写作意图，只不过可能有的意图比较明显，而有的则不太明显，或者说意图隐藏在作品的形象或情节之中。对作品的写作意图的理解可以通过作品本身，也可以通过写作背景，即作家当时所生活的社会和文化情境来了解。

一、探讨写作背景和写作意图的内含

（一）写作背景和写作意图的概念

写作背景即作者写作时具体的社会环境、自然环境以及心理环境等，主要指促使作者写作的因素；也可以是指作者创作某一作品时的某些主观方面和客观方面的情况。探讨作者的写作背景对于了解作者的思想、观点有很大的帮助。

写作意图又称创作意向，指的是作者在对社会进行观察、体验、研究、分析的基础上所形成的某种意念或动机，也是指作者通过作品想达到的目的。

作者的写作背景和写作意图在不同的文本中表现不同，有的可能明显，有的可能不是那么明显，需要我们多方了解，细细分析。

（二）写作背景和写作意图的具体内容

写作背景和写作意图具体包括以下几方面的内容：
（1）时代和社会背景；
（2）作者的写作动机；
（3）文本的表达目的；
（4）文本的表达方式；
（5）文本提示的背景资料；
（6）文本的对比资料和互视资料；
（7）文本的隐含意义等。

二、探讨写作意图的来源

认识作者的写作意图是理解作品的关键。作者的创作意图主要来自两个方面，即所生存的社会和文化情境，其意图针对的也是这两个方面。也就是说，其写作意图不可能是无缘无故的、任意的，必定有其相应的方面，任何作者和作品都不能例外。对作者写作意图的理解可以通过作品本身，也可以通过作者所生活的社会环境和文化情境来认识。

三、了解写作背景和写作意图的作用

（一）写作背景的作用

（1）了解写作背景，可以更清楚地理解课文。

（2）了解时代背景，可以更明白写作目的。

（3）了解时代背景，可以更深入地感受作者的情思。

主题的表达和作品创作的时代背景紧密相关。作者的创作意图实际上是读者很难把握的一个问题。作者对文章情节的安排、人物的塑造方式甚至表现手法的选择，都是出于自己的创作需要，或为了曲折动人，或为了人物形象丰富，或为了手法与众不同，当然最关键还应该是有利于作品主题的表达。

（二）写作意图的作用

破解作者的写作意图，是深层阅读和探究阅读的一个重要体现。写作意图，是激励作家进入创作过程的内在力量，也是引发创作冲动、创作灵感、艺术构思的主观因素。写作意图是内隐的，但是有外在表征予以表现。它可以指向主题，可以指向人物，也可以指向情节材料安排，还可以指向题目安排等。

四、探讨写作背景和写作意图的方法

（一）依本探源

探讨作者的创作背景和创作意图，就是依据文本中或显或隐的有效信息，如主旨句、过渡句、点睛句，含有作者情感倾向、暗示作者生平经历、

暗示社会环境的词句等，解读作品的主题。

例如：陶渊明在《桃花源记》一文中写到"林尽水源，便得一山，山有小口，仿佛若有光"，其中的"仿佛"描绘出光线极弱、洞口若明若暗的样子。这也暗示了桃花源隐蔽五六百年而不为人所发现的原因之一。另外，在文章的结尾处，"太守即遣人随其往"和与陶渊明同时代的真实人物——"南阳刘子骥"均以寻而无果告终，此种信息，都渲染了桃花源的美好和虚幻，留给世人永远的期盼与无尽的神往。

（二）内引外联

我们要利用文章中提供的作者与相关背景资料等信息，筛选辨析，联系旧知，调动知识储备，探寻创作背景，解读创作意图。

例如：陶渊明在《桃花源记》一文的表述中，可以透露出这样一种信息：桃花源为何连刘子骥这样的"高尚士"也寻而未得呢？因为在东晋那种苛捐杂税、战祸连连、压迫重重、民不聊生的黑暗现实面前，这种自给自足、自管自治并且还能"怡然自乐"的松散式社会结构的美好图景，只能是梦境而已。

（三）扩大储备

探讨作者的创作背景和创作意图，不要漫无边际地瞎猜，要密切注意文中的注释，不放过文中的每一个信息；平时要充分利用网上精品资源、课外标准教参、相关视频资料等来补充知识储备。

例如：对于陶渊明所处的历史背景，我们可以利用各种能提供准确信息的渠道，了解和还原那段历史。

陶渊明身处东晋末南朝宋初期，国家分裂，在元熙二年六月，刘裕废晋恭帝为零陵王，改年号为"永初"。次年，刘裕采取阴谋手段，用毒酒杀害了晋恭帝。这些激起了陶渊明思想的波澜。他从固有的儒家观念出发，产生了对刘裕政权的强烈不满，加深了对现实社会的憎恨。但他无法改变，也不愿干预这种现状，只好借助创作来抒写情怀。

当时的宋武帝刘裕是否有兴趣阅读陶渊明的《桃花源记》，我们无法知晓。在南北朝的飘摇风雨中，这些权贵们更乐意凭借手中的利刃，砍杀出自己的一片乐土来。陶渊明在此文中所体现出的美政思想，是否能为后世的君主们接受，我们不得而知，但"五柳先生"的政治追求和人生理想到今天已深入人心了。

在日常的教学中，对课文写作背景的深入了解，不但不会影响课堂教学的时间，相反，适时适当的呈现还可以让学生更容易理解文章的写作意图，更好地走近作者，走进时代，跨越时空，与作者形成情感上的共鸣，更深切地感悟文章的内容。

通过指导学生阅读经典文学作品
培养学生想象能力

刘寒青

作为语文教师，我们在引导学生阅读文学作品的教学中，可凭借自己的经验，借助想象对作品的意境进行还原，可帮助学生加深对作品的感受，进而体会作品的思想内涵。

科学研究证明，人的大脑通过丰富的想象活动，能够促进语言的发展，提高语言表达能力。在语文读写教学中训练学生的想象能力，是提高语文教学效果的有效途径。想象是构成思维能力的重要因素之一，思维的发展不能离开想象的发展。针对中学生富于想象的心理特征，激发他们的想象能力，正是促进其思维全面发展的契机。

一、在语文教学中训练学生想象能力的意义

现行语文教材的绝大部分课文均属于经典文学作品，作者在文中所塑造的人物形象、所创设的意境，往往都借助于想象。教师在组织学生阅读这些作品时，也常常以自己的经验，通过想象去创设和塑造作品的意境和形象，再现作品的思想内涵，影响学生对作品的理解和感受。因此，在指导学生进行作文训练时，更需要激发学生的想象力，这样所描绘的事物才能做到有声有色，能够以物表情、以言表情，有力地再现生活中鲜活的人和事。也只有

通过激发学生丰富的想象，才能促进学生语言表达能力的发展。因而，语言表达能力的提高，从根本上来说离不开想象和环境的影响。由此可见，语文教师在引导学生阅读经典作品时，应加强指导学生进行读写训练和想象训练，这是语文教师教学工作中的一个重要任务，也是一线语文教师在教学过程中值得研究的重要课题。

二、培养学生想象能力的方法

（一）日常生活中如何培养学生的想象能力

1. 充实表象内容，丰富想象基础

表象是头脑中所保持的对过去感知过的事物的印象，人对这些印象进行加工改造产生新形象就是想象。可见，想象是以丰富的表象为基础的。表象越丰富，其想象越开阔、深刻。因此，要培养学生的想象能力，学生的头脑中就必须有可供"加工改造"的表象。多观察事物，多积累知识和生活经验，是培养想象力的前提。

2. 学会观察

叶圣陶先生说："想象不过是把许多次数、许多方面所观察得到的融合为一，团成一件新的事物罢了。假如不以观察为依据，也就无从谈起想象的作用。"大自然是神奇而丰富的世界，我们应带领学生走出课堂，观察自然，接触社会，感受生活，丰富学生的感性经验，并在观察过程中引导学生积极思考、大胆探索、发展好奇心和广泛的兴趣爱好，逐步打开学生想象的大门。例如，组织学生参观展览、名胜古迹，引导学生观察东升的红日、秋日的田野，欣赏悦耳的音乐、迷人的图画等，增加他们头脑里的表象储备，为想象提供取之不尽的素材。

3. 重视积累知识和生活经验

从心理学的角度讲，想象的活动始终是对感觉与知觉所给予的那些材料的改造，想象力是建立在过去知觉的基础上的一种新的形象的创造力。丰富的想象来源于生活，来源于对生活的深刻理解和感受。因此，要培养学生的想象力，应引导学生热爱生活、关心生活，帮助他们积极参加科技、文艺、体育等活动，引导他们在生活中捕捉形象、积累表象，为发展想象力创设良好的条件。同时，还应重视学生知识的积累和记忆力的培养，因为学生有了广博的知识，才便于发现各种知识之间的联系，并受到启示，触发联想和想象，产生知识的迁移和连接，最终达到认识上的新飞跃。

我在阅读教学中曾尝试用"天马行空想象法"来培养学生的想象能力。所谓"天马行空想象法"，就是对课文中句段的内容进行拓展，或将文中情节借助想象进行扩展。在教授现代诗《天上的街市》时，先指导学生理解每句诗的意思，再把每句诗的意思连接起来理解全诗意思，然后进行想象训练。这时及时地对学生进行引导，帮助他们对每一句诗的意思或整首诗的意境开展"天马行空"似的想象和表达，当然必须以原文实情为基础，不能脱离原创的"人""事""境"，这样作品的总体结构依然完整，使原文主题"发酵"，细节更丰富，容量更大，内容更加具体形象。

（二）教学中如何培养学生的想象能力

1. 营造氛围，着力渲染

古人云："夫缀文者情动而辞发，观文者披文以入情。"语文教师要引导学生用心灵去感应，进入或悲或喜，或叹或愕的动情状态，与作者产生情感共鸣。情景的模拟、创设，音乐感染，深情朗读，对人物命运的深切关注等均可运用。

一位教师在讲授《音乐巨人贝多芬》时，首先由一段深情的导语引入，显得肃穆凝重，接着播放音乐《月光曲》。在柔和伤感的气氛中，教师开始深情地朗读："在波光粼粼的海面上，洒满了银色的月光，月亮越升越高，穿过一缕缕轻纱似的微云……"

又如朱自清的《荷塘月色》运用大量新鲜贴切的比喻，写得有声有色有味，动静相生，浓淡相宜。这样的文章，要引导学生反复阅读，细细品味，潜心体验作者创设的朦胧、素雅的意境美，并进一步感悟作者因不满现实而寄寓其中的复杂心境。

2. 充分利用教材，培养想象能力

叶圣陶先生说："我们鉴赏文艺，最大的目的无非接受美的经验，得到人生的受用，要达到这个目的，不能拘泥于文字，必须驱遣我们的想象，才能通过文字，达到这个目的。"这就告诉我们，要让学生在语文学习中得到美的享受，教师就应该充分利用教材，启发学生想象，鼓励学生展开想象的翅膀，让他们在语文艺术的天空中翱翔，从中得到美的体验。教材中的文学作品很多，教这类作品，必须启发学生凭借自己的实际经验和生活知识，运用联想、想象、类比等方法去感知和欣赏作品的境界和情调，即进入意境。

3. 品味细节刻画

好的作品往往通过生动的细节描写打动读者，令读者与之产生共鸣。教师应充分利用教材，引导学生品味文章的细节刻画，通过细节展示生活的画面，引发学生用自己的生活积累加以想象，变抽象为具体，让学生如闻其声，如见其人，如临其境，真切地感受到作品的人、物、情、景。

如著名散文家朱自清先生在《背影》一文中，用极简练的背影轮廓画创造出一种意蕴丰富、耐人寻味的艺术境界，给人留下自由想象的广阔天地。教师可引导学生结合生活中的感受，细细品味望父买橘的细节，帮助学生透过字面想象父亲为儿子买橘时努力挣扎、攀登月台的吃力神态，或咬牙使劲，或汗溢面颊，学生在想象中品味、体会到父亲对儿子深挚的爱。

4. 蜻蜓点水，留有空白

我国古代的诗文写作，主张"不著一字，尽得风流"（司空图《诗品》），"望表而知里，扪毛而辨骨，睹一事于句中，反三隅于字外"（刘知己《史通·叙事》）更是为人推崇。由此可见，文字是语言的艺术，也是"空白"的艺术，如何让学生发现它、填补它，是提高语文教学成效的重要途径。

《在马克思墓前的讲话》一文中，恩格斯一开头就以沉痛的笔调写了马克思逝世的情况："3月14日下午两点三刻，当代最伟大的思想家停止思想了，让他一个人留在房里还不到两分钟，等我们再进去的时候，便发现他在安乐椅上安静地睡着了——但已经是永远地睡着了。"最末句用了破折号，留下了太多的"空白"。从语法意义而言，它表示话的暂时中断，后面的话对前面的作补充说明。但更重要的是它所蕴含的情感，要引导学生去挖掘。

有了空白，便会有感悟，便会产生"余音绕梁，三日不绝"之感，学生学习的动因会大大增强。有许多经典文学作品的结尾，也均有"余音绕梁""回味无穷"之韵。在指导学生阅读这些作品时，应做到因势利导，引发学生展开合理的"继续想象"。

如我在指导学生阅读著名作家沈从文先生的《边城》时，讲到作品以"这个人也许永远不回来了，也许'明天回来'！"为结尾，余味悠长，给人以无尽的遐想。对于这个结尾，在阅读训练中，我给学生预设了两个结局：

一是设计了以"这个人永远不回来了"为题，让学生讨论，续想故事情节。这时学生们有的默默沉思，有的冥思苦想，有的跃跃欲试，激动万分，片刻后大家各抒己见。有的说后来再也没有人见到翠翠说过一句话，像个木头人一样；有的说由小城有威望的船总顺顺作保，老马兵一家像对女儿一样将翠翠接到家中，两年后风风光光地陪了重礼把翠翠嫁给洪江城一个盐商的儿子，再后来老马兵一家也搬离了茶峒；有的说在一个雨后的早晨，有人要过渡，渡船到对岸没有人，后来人们在碧溪岨的下游一个拐水湾处发现一具女尸……从此以后就再也没有人再见到渡船上的翠翠了。

二是设计了以"明天回来"为结尾，让学生想象，展开联想。有的说老马兵一家差人来给翠翠报信说明天老二要回来了，翠翠一夜翻来覆去睡不着，总想着明天在哪儿去接他；有的说老马兵家今天进城去和船总顺顺商议明天老二回来了，也把翠翠接过去，为她办了喜事，碧溪岨的渡船就由老船夫的生前好友的孙子暂时接替，一时间茶峒两岸似乎又沸腾起来……

这样，学生们从不同的角度展开想象，进一步丰富了作品的内涵。

三、指导写作实践，拓展想象空间

知识的积累和观察感知活动，只是为想象提供了大量素材，打好了想象基础，课堂教学中借助课文进行"悟境"式的想象，也只是再造知觉想象，以便加深情感体验以深刻理解课文。虽然这些都具有某种创造成分，但仍以再造想象为主，要真正巩固和发展想象力，尤其是创造想象，还必须依靠在上述基础上的写作实践。

（一）想象作文的训练

想象作文，是发展创造想象力的一朵奇葩。《2050年的班会》《当我三十岁的时候》《二十年后回母校》等这样的文题一布置，学生就兴趣盎然。写作之前，我先给学生介绍想象如何推动着世界的进步，人们如何凭借想象实现了龙宫探宝、嫦娥奔月等愿望，又找来资料，告诉学生很多"预言家"在作品中的大胆想象几十年后变成了现实。学生的好奇心被调动起来了，创作的欲望被激发出来了。这时我又对学生说："看谁的想象最新颖、独特、大胆，老师会把所有同学的作品珍藏起来，几十年后我们再来看有多少同学的想象变成了现实。"这样精心设计的想象作文训练收效是明显的："光脑""小飞行器""智能汽车""人造太阳""超强理解仪"等令人耳目一新的想法被提出，还有星际间的旅行，人的寿命的不断延长等，在学生笔下变成了生动的现实画面，学生想象之大胆、丰富令人佩服。

（二）续写、扩写课文

有些课文写得含蓄，人物最后是活是死、是福是祸、是吉是凶，由读者自己去想象、推断，如莫泊桑笔下的于勒、契诃夫笔下的奥楚蔑洛夫、白居易笔下的卖炭翁等。教完这样的课文，老师可以引导学生在把握主题基调和人物性格特征的基础上，对人物的命运作出合理的推断，续写课文。对此，学生必然要对原材料进行选择、提炼和概括，并结合生活中获得的事物表象重新组合，想象活动参与其中，新形象就会创造出来。

学生想象力的培养还有很多方法和途径。这里还需指出的是，离开生活愿望的胡思乱想不是创造性想象，只有与生活愿望本身结合并指向未来，开拓思维的广度与深度，才是特殊的创造性想象。所以，在培养学生想象力的时候，要善于调控把握，不可没有逻辑，过于荒诞。

四、鉴赏名著，指导学生理解"想象"对作品思想的影响

电影《小街》是20世纪80年代的一部优秀作品，曾被划分为"伤痕电影"。20世纪七八十年代，电影、文学作品等各种文化步入苏醒时期，人们对美的"真""善"进行探讨。其中，作品最为精彩部分的是开放式结尾：

——女主人公堕落后相遇的那些惆怅，我们希望男女主人公最终在一起？

——"门外女同志的说话声音传来，男主人公吃惊，倾听，紧张……"。是"我"看到苦苦寻找的妹妹？

——或是戏剧性的相逢，偶然性的生活！"我"因为爱只有选择逃离？

纵观这样充满着"遗憾"的结尾，能将读者从一个被动的欣赏者变成现实生活中的自己。角色转换能给人们留足想象空间，借此来加深作品的广度和深度。通过对作品的三种结尾分别进行评价，想象作者对结局预设的理由。这样，就能有效地触发学生的联想和想象，更好地帮助他们在阅读中体会想象，在习作中选择更能表达文章中心的结尾。

在教学中，积极培养学生的想象能力，让他们在想象的世界畅游，进而提高学生的阅读理解水平和语言表达能力，作文水平也会得到明显的提高。

如何运用阅读名著的方式培养初中生
汉语言表达能力

邱光莉

根据2022年新修订的《语文课程标准》要求，我们如何运用阅读名著的方式培养初中生汉语言表达能力？要解决这个问题，毋庸置疑，我们初中语文教师的担子可不轻。基于这个问题，我在教学过程中主要通过开展以下六个方面的活动来培养初中生的汉语言表达能力。

一、坚持开展"每日一句"的摘录比赛活动来培养学生的汉语言表达能力

"每日一句"就是每天让学生摘录名著中优美的句子，利用早读时间读一读，品一品，利用周五的早读时间来进行小结，对摘抄句子最佳的同学给予一定的奖励。这有利于提高学生的学习积极性，激发学生学习的兴趣，培养学生的汉语言表达能力。

比如，在《骆驼祥子》一文中，在描绘祥子拉车不肯要价时，文中是这样写的。

在这僻静的地点，他可以从容地讲价，而且有时候不肯要价，只说声："坐上吧，瞧着给！"他的样子是那么诚实，脸上是那么简单可爱，人们好像只好信任他，不敢想这个傻大个子是会敲人的。

这一句话，生动刻画出了一个语言简短、憨厚淳朴的祥子，也让学生感悟到他这一相貌气质不正是他的保护色吗？借此，也可以引导学生通过朗读优美语句来培养自己的汉语言表达能力。

二、定期开展读书赏析课来培养学生的汉语言表达能力

师生在每周一早读课确定读书的内容，交待学生利用一周的时间去进行阅读，在下周的延时课进行赏析。这样一来，学生有足够的时间去借阅有关名著书籍，有充足的时间有针对性地去阅读相关内容。开展这项活动可以采用以下步骤。

（1）全班分为九个小组，每一小组的成员都要既分工又合作地去借阅有关名著书籍，便于在下周的延时课进行交流和赏析。

（2）每一小组确定一位负责人，负责检查本组成员的读书笔记。

（3）每一个小组确定一位中心发言人，负责说说书中最欣赏的是什么，理由是什么，对本小组最大的启发是什么，并朗读、品析本组最喜欢的一段话，借此来培养学生的汉语言表达能力。

（4）活动结束后，全班通过举手表决的方式选出表现最好的一组，并给予相应的奖励，以激发和提高学生阅读名著的兴趣，也有利于培养学生的汉语言表达能力。

譬如，在阅读《钢铁是怎样炼成的》一文时，可引导学生这样来开展读书赏析课：

文中塑造了保尔·柯察金这一无产阶级英雄形象，向人们展现了很多可贵的品质，请你选择一个事例，对此进行详细赏析。

九个小组各选派一位中心发言人来各抒己见，给出以下的答案。

（1）书中最欣赏的人是保尔·柯察金。

（2）理由是在保尔·柯察金的身上凝聚着那个时代最美好的精神品质——为理想而献身的精神、钢铁般的意志和顽强奋斗的高贵品质。

（3）对本小组最大的启发是保尔精神：

在伤病无情地夺走保尔的健康，使他不得不躺在病床上的时候，他仍然

不向命运屈服，克服种种困难，拿起笔，以顽强的毅力开始写作，以另一种方式践行着他生命的誓言，体现了他钢铁般的意志，是我们学习的榜样。

（4）学生分组朗读、品析本组最喜欢的一段话：

①人应该支配习惯，而决不能让习惯支配人。

②要是一个人不能改掉坏习惯，那他就毫无价值。

③不要在你的生活里留下痛苦的回忆。

④不管怎样我得到的东西要多得多，失去的东西是没法同它相比的。

⑤即使到了生活实在难以忍受的时候，也要找出活法活下去，生命总会有用处的。

⑥就是到了生活已经无法忍受的时候，也要善于生活下去，要竭尽全力，使生命变得有益于人民。

⑦当一个人身体健康、充满青春活力的时候，坚强是比较简单和容易做到的事，只有生活像铁环那样把你紧紧箍住的时候，坚强才是光荣的业绩。

⑧我们的生活里不仅有斗争，而且有美好的感情带来的欢乐。

⑨我们的国家正在复兴，正在强大起来，生活在这个世界上是大有可为的。

学生通过分组朗读、品析以上九句话，对保尔这个人物又重新有了一个新的认识。在朗读和品析人物的形象中，对学生的世界观、人生观、价值观也同样是有一定影响的。特别是提高了学生对名著的学习兴趣，也借此达到了培养学生汉语言表达能力的目的。

三、定期开展辩论比赛来培养学生的汉语言表达能力

在人教版九年义务教育教科书的名著名篇中，有很多性格鲜明的人物形象，如花木兰、骆驼祥子、孙悟空、孔乙己、范进、于勒、奥楚蔑洛夫等，这些人物形象鲜明，各具性格特征，可让学生从不同角度来对这些人物进行评价，并分组开展辩论比赛，对胜出的小组给予相应的奖励。像这样的活动既能激发学生积极、主动去阅读名著名篇的兴趣，又能提高学生积极、踊跃去深入分析人物性格特征的学习兴趣，也能培养学生的情感价值观与人生

观，还能有效培养学生的汉语言表达能力。

四、通过让学生把名著名篇改编成剧本并自导自演的形式来培养学生的汉语言表达能力

在人教版九年义务教育教科书中，都编有名著名篇供学生学习、赏析，如《朝花夕拾》《西游记》《骆驼祥子》《海底两万里》《红星照耀中国》《昆虫记》《傅雷家书》《艾青诗选》《水浒传》《儒林外史》《简·爱》《木兰诗》《孙权劝学》《卖油翁》《孔乙己》《皇帝的新装》《我的叔叔于勒》《变色龙》《威尼斯商人》等，这些名著名篇都很受学生喜爱，教师可以让学生将这些名著名篇改编成剧本，让学生自导自演。这样，可以更好地激发学生阅读名著名篇的兴趣，也有利于培养学生的汉语言表达能力。

例如，我在引导学生学习《皇帝的新装》《孔乙己》《范进中举》《我的叔叔于勒》《变色龙》《威尼斯商人》时，布置学生自行分成四个大组，由组长选组员编剧，由组员自导自演，最后来"PK"，看看哪一个组编的剧本好、表演得好，让胜出的小组参加公开课的表演，给他们展现自我的机会。与此同时，在上公开课时，我还自己花钱请来专门录像的摄影师对全堂课进行录制。过后，还让摄影师将录制的课刻成影碟，赠送给全班学生每人一碟作为纪念。这有利于提高学生学习名著名篇的兴趣，也有利于培养学生的表演能力和汉语言表达能力。

五、通过开展"讲名著故事大比拼"活动来培养学生的汉语言表达能力

学生在阅读名著时，遇到自己喜欢的故事和喜欢的人物，都特别想把故事分享给同伴，想发表自己对故事中人物形象的见解和评论。对此，定期开展"讲名著故事大比拼"活动，给学生讲自己最喜欢的故事的表演机会，对表现比较突出的同学给予相应的奖励，既有利于激发学生阅读名著的兴趣，

又能提高学生的表达能力。

比如，李家贵同学在讲《西游记》中"红孩儿智斗孙悟空"的故事时，当场绘声绘色地把红孩儿打败孙悟空的精彩场面生动有趣地表现出来，让在座的老师和同学对红孩儿这个人物又有了一个新的认识。

六、通过鼓励学生积极参加各类征文比赛活动来培养学生的汉语言表达能力

每学期，上级部门和教育部门都会举办不同类别的现场作文比赛或征文比赛活动，每每遇到这些活动，我都会鼓励、组织学生积极参与。参加这些活动，不仅能提高学生的写作兴趣，也能提高学生的作文写作水平，还能培养学生的汉语言表达能力。

综上所述，运用阅读名著的方式培养初中生汉语言表达能力的活动形式是多样化的，只要教师引导到位，活动形式符合学生心理，我坚信，一定能激发学生阅读名著的兴趣和提高学生汉语言表达能力。

第二章

阅读教学案例篇

漫漫教学路　拳拳育人心

——笔者写在前面的话

邰姗姗

宁静的夜里，听着窗外传来的蛐蛐声，我细细思量着这些年的教学与生活，自觉苦乐参半，思绪万千。多年来，迷恋于那一方小小的教室和三尺讲台，执着耕耘于其间，坚守着对教育的信仰与忠诚，为祖国千秋万代的事业而不敢有丝毫的懈怠，在教育这块神圣的土地上挥洒着自己的青春和热血。

基于校领导的信任和学校工作的需要下，今年我担任七（7）班的班主任，并担任本班的语文教学工作。从分班的那一天起我拿着分班的名册，对岑松学区、温泉学区、稿旁学区三个片区的学生作了全面的了解和调查，摸清他们平时的一些表现，透彻掌握他们的第一手资料，在心里先选好班干部的最佳人选。开学带来的是紧张而忙碌，为期一个星期的初识我认真观察他们的一举一动，了解他们的性格，晚上我会抽空不时地到教室里去与他们聊天，拉近与他们间由于刚进校的陌生与不适而产生的距离。通过这个星期与学生的朝夕相处，学生的种种不适也慢慢得到缓解，学生对我的熟悉也为我开好第一堂班会课减轻了压力。军训结束后，学生们齐刷刷地坐在教室里，像往常一样在等待着班主任在讲台上发号施令。我当时心想其实学生对班主任的第一印象是很重要的，正所谓亲其师方能信其道，而第一堂班会课更彰显了一个班主任的管理水平和人格魅力，也就决定了这个班级以后的走向，班级管理上去了，班风、班纪也就落实了。所以我打破以往的俗套，让学生自己谈谈如果你是班主任，你该如何来管理班级，班上顿时炸开了锅，最后我让同学们上台发表意见，每人一条，每个人的意见都不能重复，在初报名的那几天中我认真观察到理里有一个比较有组织能力的同学，就让他做了一些反馈学生意见的记录，接下来我把学生的提议进行了整理，第二天拿到教室正式登上了会议的议程，一条一条地在全班同学面前通过，最终表决后打印出来，让每个同学签上名字认可这个由自己拟定的班规。整个过程都是大家民主的提议，没有施压，也没有向学生发号施令，人人都是制度的拟定者，人人都是管理者。

从事班主任工作以来，我从不苛求我的学生个个都能成才，但我却希望他们能成人，懂得感恩，人格独立，心理健康。还记得在去年的深冬，班上发生了一件至今都让我刻骨铭心的事情。我们班有一名学生本来在学习和生活各方面都非常优秀，可是由于他的母亲在一场车祸中不幸失去了生命，这个突如其来的变故使他痛苦不堪，学习一落千丈。有一次，我看到他作业本背面写着这样一句话："妈妈，再过几天就是我16岁生日了，可是您再也不会像去年一样买生日蛋糕给我，您再也不能在烛光里给我唱那支生日歌了！"看到这里我的心绞痛起来，我深知这样的孩子更需要我的关爱与引导，在他生日的那天，我悄悄地给他订了一个生日蛋糕，在我为他点燃蜡烛唱起生日快乐歌的时候，他却失声痛哭起来："老师，我想妈妈，我想妈妈。"我安抚着他，就像安抚我自己的孩子，等他平静后，我对他说："桃花心木是一种上等的木料，可培植的人却把它放在野外种植，这是为什么呢？就是因为不确定的环境可以让它更加坚强、健康地成长。你的母亲虽然不幸去世了，可你是她生命的延续，是她的希望呀，你想想你妈妈是不是希望你自立自强，做一个顶天立地的男子汉呢？"听完我这番话，他默默地走了，我不知道这份静默究竟意味着什么，但我分明从他的眼中看到了一份坚强，看到了一份希望，后来他考上一所医学院，在他写给我的信中说道："老师，是您的那番话让我重新鼓起了生活的勇气，是您给我指明了人生的航向，虽然我已经不能在教室聆听您的教诲，但在这另一番天地里，我同样向您展示男儿的刚强。"

我想很多班主任也曾经遇到过这样或那样的问题学生，在与学生共同成长的道路上会有很多的教育故事在启发着我们，给我们教导的灵感和方向。我认为从心育入手，班级德育也一定会达成事半功倍的效果，学生的命运与我们老师的教育方法关系太大了，有时一句不经意的话语，也许会断送他们的前程，有时一句温暖的话语，就会唤起失落孩子的激情。教学是动能，它讲究教学过程中的程序、方法，教学的宽度及延展。

多年前我看到这样一个故事，至今一直深深启发着我。著名学者钱文忠在高二的时候是个很普通的孩子，他的历史老师姓郝，郝老师在讲到世界史的时候讲到印度，讲到梵文，郝老师说梵文很难懂，全中国只有一个人懂，这个人叫季羡林，现在在北京大学。结果下课以后钱文忠就去找郝老师，"郝老师，你说梵文就一个人懂？你说的是真的还是假的？"郝老师说"当然是真的。"钱文忠听了又说："如果我去学梵文，将来就我一个人懂了？"郝老师哭笑不得。于是钱文忠写了一封信给季羡林先生，说要报考北京大学，跟季老学梵文。季老回了一封信说："欢迎报考北京大学，但是北京大学很难考的。"第二年这个非常普通的孩子在高考中考了上海文科第二名，考入北京大学。季羡林专门到火车站接钱文忠，后来钱文忠和季羡林住在一个房间四年，便于语言学习。由此可见教师对学生的影响有多大，钱文忠就是因为郝老师一句不经意的话而改变了一生。

"师者，传道，授业，解惑也"，行在左，爱在右，方能抵达教育这块誉满芳香的殿堂。记得我的一位老师曾经说过什么工作都比做人的工作好做，因为人是活生生的个体，下一秒钟就不知道他会发生什么样的变化。是的，从教这十八年来我深深地体会到人是真的难做。在我们班有一个我一直以来都非常欣赏的女孩，她的名字叫小英，可以说在她的身上我看到了水一样的纯净——文静得像苗族的女神仰阿莎，进班总分排在前五名，这个学期的语文半期测试却落到后十名，这次期末考试只考了44分，班里最低分，这是我万万没有想到的，后来我了解到原来是因为她没有写作文，怎么会这样？我细细回想前几周发生的一件事情，让我后悔莫及。班上每个星期五放学都要锁教室门，星期天返校开门进教室上自习，经大家推荐锁门开门这个重任就落到小英身上，半个学期以来她都能按时开门锁门，可有一个星期快上晚自习了都还没来开门，学生的碗都放在教室里，很多同学那天都没能吃到晚饭，所以我狠狠地批评了她。由于当时我还有事也没在意她的反应，如果是平时我可能会私底下再找她聊聊，但那几天由于事比较多就疏忽了，也没太在意她的情绪波动。考试没写作文这是考完试后一个女同学跑来悄悄告诉我的，还透露说本来小英家就重男轻女，现在她觉得你也不爱她了，所以……这件事一直困扰着我，我很伤心，也很难过，我有了一种深深的负罪感。虽然我不是医生，没有办法去治愈学生肉体的疾病，但我可以用爱心去抚慰学生的心灵，让学生长出一双理想的翅膀。如果我能在意一下小英的反应，能抽出一点时间找她聊聊，与她好好沟通一下，用爱心去融化她内心的坚冰，让她不要有那种悲观的想法该有多好呀，可惜这都只能成为泡影，这是多么痛的领悟，这件事警醒我，使我明白再多知识的传授、再精彩的课堂，都要以"爱"来铺设道路，用"沟通"来架设桥梁，一定要走进学生的心灵，去聆听他们的心声，实现趋于完整的教育。

鸟儿已飞过，天空却没有痕迹，一年又一年的轮回让我逐渐成为一名不断进步的教师，我感到很幸运，可以帮助和指引我的学生勾画自己的人生蓝图。2020年我有幸被评为贵州省乡村名师，并组建了自己的工作室，收获了团队聚为一团火的快乐；2021年我被省教育厅评为省级骨干教师，今天我又站在一个新的起点，开始去规划2022年的工作。我始终以凯里附中罗福权校长的那句话为指引："脚下为零，前面有峰"。尽管我知道，在漫漫的生涯中，已注定默默无闻，但我丝毫没觉得人生暗淡，因为我的学生已经用优异的成绩将我平凡的生命点缀得灿烂无比；尽管我明白，在无闻的人生中，已注定永远清贫，但我的内心始终洋溢着满足的喜悦，因为我的学生一直用温和的关注，将我淡泊的岁月全都变成了美好的回忆。让我在所有的轮回中都做老师吧！在这一片没有尘嚣、没有荆棘的世外桃源里，在那些报我以芬芳、报我以希望、报我以收获、报我以慰藉的桃李中，去收获我的快乐、我的幸福，不求涓流相报，只求今生无悔，我会永远坚守到底，做教育这块麦田里的守望者！

《阿长与〈山海经〉》阅读教学案例

邰姗姗

一、案例背景

　　《阿长与〈山海经〉》选自鲁迅先生的散文集《朝花夕拾》，而《朝花夕拾》的问世是在这样一种背景之下产生的，1926年3月18日，北洋军阀政府枪杀进步学生，鲁迅受反动政府通缉，不得不到厦门大学任教，后又受到守旧势力的排挤，只能借回忆少年生活，写点文章聊以自慰，于是写出了回忆散文集《朝花夕拾》（共十篇散文）。本文是《朝花夕拾》的第二篇：回忆自己童年时期与家里女工阿长相处的一段生活，写于北京寓所（北京阜成门内西三条胡同二十一号，现为鲁迅博物馆一部分），发表于1926年3月25日《莽原》半月刊第一卷第一期上，在鲁迅的很多文章中都提到过这个人物。"阿长"被鲁迅称为长妈妈，浙江绍兴东浦人，她是鲁迅儿时的保姆，"长妈妈只是众多旧式女人中的一个，做一辈子的老妈子，平时也不回家去，直至临死"。长妈妈患有羊癫病，1899年4月"初六日雨中放舟至大树港看戏，鸿寿堂徽班，长妈妈发病，辰刻身故"。而就是这么一个不被人重视、身份卑微、地位低下的劳动妇女，却给了鲁迅童年无尽的回忆，我在与学生一起品读的时候也是以对长妈妈的缅怀为情感线索来组织教学的。

二、案例描述

导入：开门见山，直奔主题，同学们今天我们要来学习鲁迅先生的一篇著名散文《阿长与〈山海经〉》。

幻灯片一：

（1）请问这部作品选自鲁迅先生的哪部作品集？

（2）我们以前也学过一篇选自《朝花夕拾》的文章，那篇文章的标题是什么？

（3）在这篇文章里有一个给我们讲美女蛇故事的人物，这个人物叫什么名字？

师：请问这部作品选自鲁迅先生的哪部作品集？

生：《朝花夕拾》。

师：我们以前也学过一篇选自《朝花夕拾》的文章，那篇文章的标题是什么？

生：《从百草园到三味书屋》。

师：在这篇文章里有一个给我们讲美女蛇故事的人物，这个人物叫什么名字？

生：阿长。

师：在鲁迅先生的这部作品中多次提到阿长，那么她究竟是一个有着什么身份和特点的人物呢？请同学们阅读课文第一、二自然段来回答这个问题。

生：她是一个很普通的人，文中提到：记得她自己说过，她的名字是叫作什么姑娘的？先前的先前我家有一个女工，身材长得很高大，这就是阿长，后来她回去了，我那什么姑娘才来补她的缺，然而大家因为叫惯了，没有再改口，于是她从此也就成为长妈妈了。

师：很好，阿长这个名字是借用来的，并不是她真实的名字，也没有人关心她的名字叫什么。

生：她的职业和身份很普通，文中说她是一个一向带领着"我"的女工，说得阔气一点，就是"我"的保姆，其实她的身份是很低下的，甚至很卑微。

生：她的外貌难看，黄胖而矮。

师：从刚才同学们的分析中，我们可以知道阿长的姓名是借用的，身份比较低微，是一个保姆，她的外貌也不美观，黄胖而矮。

幻灯片二：

姓名：阿长（借用）

职业：保姆

外貌：黄胖而矮

师：从这些信息中我们可以看出她是一个普通平凡的阿长（板书：普通），那么老师在《从百草园到三味书屋》这篇课文中发现了一个奇怪的问题，作者把她叫作长妈妈，而我们这篇课文的题目和文章的很多地方都叫她阿长，这两个题目有区别吗？

生：文中第一段写"我"憎恶她的时候——例如知道了谋死"我"那隐鼠的却是她的时候，"我"就叫她阿长。

师：很好，"我"憎恶她、不喜欢她的时候叫她阿长，那么文中哪些地方写到"我"不喜欢阿长的事件呢？请同学们从文中找出来。

生："我"不喜欢切切察察，睡相也很丑，睡觉时摆成一个大字，挤得"我"没有地方，还有很多烦琐的规矩，比如在元旦那天叫"我"跟她说恭喜恭喜，还要逼"我"吃福橘。

生：很多厌烦的规矩，人死了不能说死掉，必须说老掉了之类的。

师：刚才同学们说了很多关于"我"不喜欢阿长的事件，那么这些事件当时表现出阿长的哪些缺点呢？

幻灯片三：

切切察察

睡相难看

逼吃福橘

规矩繁多

生：粗俗，不拘小节，唠叨，爱管闲事，愚昧，封建的女性。

幻灯片四：

切切察察 饶舌多事

睡相难看 粗俗，不拘小节

逼吃福橘 迷信守旧

规矩繁多

师：阿长有很多这样或那样的缺点，使"我"对她有很多不满的情绪，请同学们在文中这些事件中找出表现"我"对阿长不满的词语。

生：我实在不大喜欢她……

师：大家找到很多，我也找到一些。

幻灯片五：

不大佩服 讨厌 不耐烦 非常麻烦 憎恶

师：文中写了很多对阿长不满的词语，那么文章是不是想表达对阿长的不满呢？

生：不是，作者这样写是欲扬先抑。

师：也就是说作者对阿长的看法有所改变，那么哪些事件写出"我"对阿长意见的改变呢？

生：长妈妈给"我"买绘图的《山海经》，给"我"讲长毛的故事，"我"对她产生了空前的敬意。

师：请同学们在这两件事中找出一个相同的表达对阿长态度的词语。

生：敬意、伟大的神、26段新的敬意。

师：那么这两次事件作者想表达的敬意有区别吗？他所表达的程度不一样，深浅也不一样，哪一次所表达的敬意更深呢？

生：给"我"买《山海经》这件事程度要深得多，敬意也重得多。

师：作者对阿长的敬意所持续的时间不一样，大家找一找。

生：第一种敬意是在她谋害"我"的隐鼠之后就慢慢没有了，而她帮"我"买《山海经》的敬意从这里开始，一见面就将一包书递给我，高兴地说道：哥儿，有画儿的"三哼经"我给你买来了，这时我全体都震悚起来。到了28段书的模样，现在还在眼前，事隔几十年，但《山海经》却一直伴随着"我"的成长。

师：很好，"长毛"的敬意是短暂的，而《山海经》的故事却是长久的，可见阿长给"我"买《山海经》在"我"心中占有多么重要的地位，接下来我们就来欣赏这段经历，请大家从阿长给"我"买《山海经》这段描写中找出几个能表达"我"对阿长充满高度敬意的句子。

生：别人不肯做或不能做的事情，她却做到了。

生：我似乎遇着一个霹雳，全体都震悚起来，这四本书是我最初得到最为心爱的宝书。

幻灯片六：

（1）又使我发生新的敬意了，别人不肯做或不能做的事，她却能够做成功，她确有伟大的神力。

（2）这四本书，乃是我最初得到的最为心爱的宝书。

师：这里说别人不肯做，别人指什么人？

生：叔祖——疏懒。

师：叔祖是我的长辈，又称我为"小友"，说明我们的关系还是很好的，但他却没有做到，不热心。

生：家人，因为一年中只能在正月间去玩一趟，别人也不肯真实地回答我。

师：叔祖——疏懒的，别人——不真实，阿长——真诚地给我买来了《山海经》，大家想象一下阿长在买《山海经》时会遇到哪些困难呢？

生：可能会被骗，不识字。

生：缺钱，因为是保姆，薪水很低，买《山海经》可能要攒很久的钱。

生：跑很远，走了很多的店，费很多周折。

师：刚才同学们说了很多阿长买《山海经》可能面临的困难，但她却做了，所以作者说她确有伟大的神力。我们再来看第二句，这四本书乃是我最初得到最为心爱的宝书，书中说到这本书很粗拙，但作者为什么却说是最为心爱的宝书呢？

生：得来不容易，难寻而可贵，所以觉得心爱。

生：渴慕已久的书，有了这本书，从此"我"就更热爱读书，给"我"打开了阅读的大门，增强了"我"阅读的兴趣，也是使得鲁迅先生以后成为大文学家的原因之一。

师：作者一开始给我们写了很多不喜欢阿长的事，对她很讨厌（板书），当她给我买来《山海经》后，"我"觉得她是一个伟大的人，那么多年以后作者对阿长又有着什么样的感情呢？先补充一段背景介绍。

幻灯片七：

1926年秋，45岁的鲁迅先生久病初愈，离开北京到厦门大学任教，非常孤独和寂寞。"这时我不愿意想到目前，于是把回忆在心里的一些人和事写成了手稿，写了十篇《朝花夕拾》"。可以说在生活中得不到的东西，他在回忆中找寻；可以说鲁迅在写这篇文章的时候，在一个挤进夕阳的年岁，从童年当中去寻找一朵温情的小花，从中获得一点慰藉，获得一些力量，他写这篇文章除了表达对阿长的同情、感激、怀念之外，更多的是希望有更多像阿长那样普通的、身份低微的人身上拥有真诚善良。

幻灯片八：

我的保姆，长妈妈即阿长，辞了这人世，大概也有三十年了罢。我终于不知道她的名字，她的经历；仅知道有一个过继的儿子，她大约是青年守寡的孤孀。

仁厚黑暗的地母呵，愿在你怀里永安她的魂灵。

师：阿长辛苦了一辈子，作者希望她能安息，他在用迷信的方式也是长妈妈最喜欢的方式来祝福，来了却她生前的遗愿。阿长已远去，但作者的怀念还在，课文我们已经学完，希望我们时时处处都能用一颗感恩的心去观察周围的人，去理解他们，尊重他们，让我们饱含深情再次朗读课文最后两段，再缅怀一下作者对阿长的敬意，去寻找和挖掘我们身边的阿长。

三、案例反思

在同学们的朗读声中结束了本文的学习，但我的心里依旧泛起了涟漪，这篇课文教了十几年，但每一次组织教学都有不一样的感受，在那个荒寒岁月中走过来的鲁迅，在成长岁月里感受到了纯真的爱，那个在百草园中给我们讲美女蛇故事的人，身上发生了太多太多虐心的故事，尽管身份、地位低下，仍以一颗真诚的心待人处事，所以在教本文的同时我更多的是希望在这个经济腾飞、物欲横流的时代，学生们能牢记习总书记的那一句话"勿忘初心，方得始终"，做一个上善若水、慎读敏思之人，真诚地对待身边的每一个人、每一件事。

《走一步，再走一步》阅读教学案例

邰姗姗

一、案例背景

这篇文章是作者亲身经历的一件往事。1945年1月，在英格兰的沃顿空军基地，一名上尉飞行员莫顿·亨特接受了一项任务，驾驶没有任何武器装备和防护设施的蚊式双引擎飞机深入德军本土执行侦察任务。他觉得几乎无法完成任务，想象着飞机坐舱被炮弹击中，自己鲜血飞溅，连跳伞的力气都没有。第二天，他驾机滑行在跑道上，他告诫自己，现在只是起飞，飞起来就行。升到两万五千米高空时，他又告诫自己，现在所要做的，是在地面无线电的指导下，保持这个航向20分钟，就可以到达荷兰的素文岛，这个不难做到。就这样，莫顿·亨特不断告诫自己，下面只是飞越荷兰，这并不难，然后是飞临德国，根本不须想更多的事。而且，还有后方的无线电支持。就这样，一程又一程，这位上尉终于完成了任务。当他接受盟军的奖励时，他说，我之所以成为孤胆英雄，完全是因为我小时候一段经历的启示。通过给学生讲述这段故事，让学生更有兴趣走进文本。

二、案例描述

（一）课堂导入

师：同学们都有过登山的经历吗？我想请同学们来分享一下你登山时都有一些什么样的感受。

生：畅所欲言。

师：我想我们每一个人登山时都会有不同的经历和感受，今天我们所要学的这一篇文章也是关于作者小时候登山的一次经历。请同学们打开课本。幻灯片出示课题《走一步，再走一步》。

（二）泛读课文，梳理情节

（1）请同学们泛读课文，用圈点勾画的方法找出这个故事发生的时间、地点、人物，理清故事情节，泛读老师要求的情节（3~5分钟）。

（2）抢答故事发生的时间、地点、人物及故事情节。

（3）这个故事已经过去了整整57年，为什么作者却依然记忆犹新，甚至连那天的闷热天气都还能感觉得到呢？

（4）梳理故事的情节：

起因（第1—3段）：冒险登崖。

经过（第4—15段）：骑崖难下。

结果（第16—22段）：悬崖脱险。

启示（第23段）：走一步，再走一步。

（三）精读课文，探究细节

（1）精读课文骑崖难下这一板块，看看哪些词或句子体现了作者的恐惧，幻灯片显示。

关键词：恐惧

（2）骑崖难下之后就应该是悬崖脱险这一板块了，在悬崖脱险的那一刹那有这样一句话：我先是啜泣了一会，然后我产生了巨大的成就感，所以下一个关键词老师要给大家的就是成就感，幻灯片显示。

关键词：成就感

师：请同学们到文中悬崖脱险这一板块去找一找体现作者心理变化的词语，我相信那种成就感并不是一下子就能产生的。

生：最开始是绝望，文中有一句话是这样的："我下不去，我会摔死的"。

生：信心顿生，而且在前面还用了两个动词来体现作者的心理变化，"探"和"踩"字，"探"字说明作者只是试一试，而"踩"字有了信心，有了保障，于是去做了。

生：信心大增，"我能办得到"这句话中的"能"字就说明作者此时此刻已成竹在胸了，信心满满，而在这之前作者说这事办得到，一开始能不能办得到他心里也没底，从这两句话中我读出了作者的心理发生了变化。

师：刚才我们分析了前面的恐惧感，又分析了后面的成就感，我们不难发现我们的这位作家对于心理的把握是十分到位的，你看他在写自己恐惧的时候用了正面的人物描写和侧面烘托，而在获得成就感后描写他心理变化的动词用得十分精准。

师：这个故事的最后"我"回到了父亲的怀抱，那么最后一个自然段写了什么呢？

生：这次经历的启迪。

生：人生的启迪。

师：你们通过学习本文获得了哪些启示呢？我们大家来分享一下。

生：让我们明白了要把大困难化为小困难，化整为零，坚持不懈我们就会获得成功。

（四）拓展延伸

师：其实在我们身边发生的每一件事都会对我们起到非常有利的帮助，

这次经历对莫顿·亨特整整一生都有帮助，在以后的生活中他也遇到了像悬崖上的一课一样的经历。他早年曾加入美国空军，做过空军飞行员。在第二次世界大战期间参加战斗，曾经驾驶飞机深入德国完成极其危险的侦查任务。我们一起来分享这件事，看看他在这件事情中是如何做的：

1945年1月，在英格兰的沃顿空军基地，一名上尉飞行员接受了一项任务，驾驶没有任何武器装备和防护设施的蚊式双引擎飞机深入德军本土执行侦察任务。他觉得几乎无法完成任务，想象着飞机坐舱被炮弹击中，自己鲜血飞溅，连跳伞的力气都没有。第二天，他驾机滑行在跑道上，他告诫自己，现在只是起飞，飞起来就行。升到两万五千米高空时，他又告诫自己，现在所要做的是在地面无线电的指导下，保持这个航向20分钟，就可以到达荷兰的素文岛，这个不难做到。就这样，莫顿·亨特不断告诫自己，下面只是飞越荷兰，这并不难，然后是飞临德国，根本不须想更多的事。而且，还有后方的无线电支持。就这样，一程又一程，这位上尉终于完成了任务。当他接受盟军的奖励时，他说，我之所以成为孤胆英雄，完全是因为我小时候一段经历的启示。

师：你们看我们的作家莫顿·亨特也遇到了这样的事，所以每一件发生在我们身上的事情都会对我们的一生起到非常有利的帮助，当我们认真地去反思这些事情，并积累经验，这就是我们人生中的一笔财富，也许生活中的一小步就会成为我们的一大步，这节课的最后老师再送给大家一首小诗：《走一步，再走一步》：

溪流再走一步是江河，
江河再走一步是海洋。
走一步，再走一步，
天地就将不一样；

深秋走一步是寒冬，
寒冬再走一步就是春天。
挫折再走一步或许还是失败，
失败再走一步可能就是成功；

咫尺天涯路，

第一步往往很难迈出。

于是就没了下一步，

于是就没了路……

路尽天绝处，

不妨尝试再走一步。

万水千山，

只源于最初的那一步。

小结：在人生道路上，不管面对怎样的艰难险阻，只要把大困难分解为小困难，一个一个地认真解决小困难，终将战胜巨大的困难，赢得最后的胜利。所以同学们当你们以后遇到困难的时候一定要想起这一课，走一步，再走一步，走一步也许还是失败，但失败再走一步也许就是成功了。没有比人更高的山，也没有比脚更长的路，希望同学们借着脚下的路，迈好人生中的每一步！

（五）作业

课文是用第一人称"我"的视角写的，请你变换视角从"我"父亲的角度改写"悬崖脱险"部分，突出描写人物的心理活动。

板书设计：

走一步，再走一步

莫顿·亨特

泛读情节　　　　　　　　　　　精读课文

冒险登崖　　　　　　　　　　　正面描写

骑崖难下　　　　　　　　　　　侧面烘托

悬崖脱险　　　　　　　　　　　动词精准

※人生启示

《背影》阅读教学案例

邰姗姗

一、案例背景

随着我向省教科所申报的"先学后教，当堂训练"实践的研究与实验这一课题得以立项，我便严格按照课题申报的实施方案进行课堂教学改革，以培养学生自主先学、老师引导学生学习这一教学模式进行课堂研讨，以小组合作探究，组内优生带学困生的教学模式进行课堂教学，以达成合作共赢的最终目标。如此一来，课堂改革的关键就在我们的课堂教学该如何设计，就要求在备课时立足教材的至高点，铺设好课堂的路线，拉大教学实施的成效，我们课题分为三个阶段，到现在已经进入了第三阶段的扫尾研究，重在学习成绩的提高，更在育人的最终目的，所以我们的课堂很大程度地呈现了学习与德育双面向导的形势，并已取得了一点小小的成效，下面我就将研究过程中的一个教学案例陈述如下：

《背影》这篇文章是人教版八年级上册第二单元的第二篇课文，同时也是本单元的重点篇目，这个单元的文章都是以"爱"为主题，以对普通人、对生活中弱者的关爱为题材，学习本单元，重在使学生从文本中感悟到"爱"的博大，从而熏陶他们的情操，做一个有情感、懂感恩、施爱心的人，所以我在教学这篇课文的时候从情感入手，捕捉他们的情感细胞，动之以情，晓之以理，以情感作为整堂课的大动脉牵着学生去挖掘文本的主题，从而达成本文的教学目标，于是在引导学生的学习过程中我立足于四个点：（1）找突破，文中写了一件和背影有关的什么事情？（2）理思路，文中写了几次背影?(3)抓重点,以望父买橘为重点拓展,欣赏并分析这段精彩的描写。(4)铺情感,以情感教育为依托,"树欲静而风不止,子欲养而亲不待",希望同学们尊重父爱、理解父爱,做一个懂得感恩的人。

二、案例描述

播放幻灯片一

《背影》

——朱自清

师:今天我们一起来学习朱自清的一篇散文《背影》,上课前老师想问大家一个问题,假如你没看到课文的内容,只看到这篇文章的标题,你会产生什么疑问呢?

生:这是谁的背影?

生:这是怎样的一个背影?

生:为什么会选择背影来写,而不从正面角度来写父亲?

生:背影包含了作者怎样的情感?

师:刚才同学们提出了很多疑问,那么其中有一个疑问就是谁的背影?这是谁的背影呢?通过预习我们可以知道是谁的?

生:父亲(师板书:父亲)。

师:那么老师也有一个问题,本文写了一件和背影有关的什么事情呢?请同学们浏览课文。

生:"我"乘车北上,父亲送"我"去车站,爬过月台去帮"我"买橘子时的背影是最让"我"感动的。

师:刚才同学们都提到了父亲为"我"送行,给"我"买橘子,爬过月台时的背影,那么背影在文中一共提到几次呢?请大家细读课文,把关于背影的句子圈起来。

生:(1)我首先找到的是第一自然段,我与父亲不相见已二年余了,我最不能忘记的是父亲的背影。(师补充,难忘的背影。)

(2)第六自然段,这时我看见他的背影,我的泪很快地留下来了。

（3）……等他的背影混入来来往往的人里，再也找不着了，我便坐下，我的眼泪又来了。

（4）在晶莹的泪光中，又看见那肥胖的、青布棉袍黑布马褂的背影。

师：共有几次呢？

生：四次。

师：请看大屏幕。

播放幻灯片二

师：哪位同学来朗读一下这四次背景。（伴轻音乐《时间都去哪儿了》）

生：第一次在开头，"最不能忘记的是他的背影"。（惦记背影）

第二次在浦口车站送别时，父亲去买橘子的背影。（刻画背影）

第三次在车门话别，望着父亲的"背影混入来来往往的人群里"。（惜别背影）

第四次在结尾，"在晶莹的泪光中，又看见那肥胖的、青布棉袍黑布马褂的背影"。（再现背影）

师：我们来评价一下，这个同学读得怎么样？

生：很好，很深沉，伤感。

师：这四次背影其中有两次表达的是难忘的、怀念的，第一次和第四次是虚写，第二次、第三次是实写（中间两次写眼前看到的背影是实写），不管哪一次背影都与父亲为"我"送行这次经历有关，那么父亲为"我"送行究竟有着一个怎样特殊的背景呢，让"我"如此难忘。接下来，请同学们四人为一个小组，精读课文的第二、三自然段来加以讨论、分析。

生：第二自然段，那年冬天，祖母死了，父亲的差事也交卸了，真是祸不单行的日子。

师：说得很好，祸不单行，请同学们找出一个能表示当时家境的词语。

生：第三自然段的惨淡。

师：家境非常的惨淡，惨淡的原因是祖母去世了，父亲的差事又交卸了，惨淡到什么程度呢？请同学们从课文中找出来。

生：变卖家中财物，连祖母的后事都要借钱去办理，大家想想，对于一个孝顺的儿子，对于一个平生干了许多大事的人来说，连自己的母亲去世都要借钱来办，大家想当时的父亲会是一种什么样的心情呢？

生：难过，失落，落魄，悲凉（人到老年），一种老境颓唐的悲凉。

师：如此的惨淡，父亲的心情也自然非常沉重，我来补充一个背景，请看大屏幕。

播放幻灯片三

作者当时在《笑的历史》一文中说：当时家里负债累累，连利钱也不能够按时付了，大家便都不肯借了，而且都来讨利钱，讨本钱。

师：我们可以想象当时家境惨淡到如此地步，父亲的心情是多么的沉重。就是在如此惨淡的家境下，如此沉重的心情下，父亲和"我"一起来到了南京，他要寻找他的工作，"我"要继续北上求学，他决定送"我"去车站，于是就有了望父买橘的这一个背影。我们一起来欣赏一下这段精彩的描写，请看大屏幕。

播放幻灯片四

课文的第六自然段

我看见他戴着黑布小帽……我的泪很快地流下来了。

师：我们一起有感情地朗读一下。

师：看见他的背影"我"的泪很快流下来了，"我"看到了什么，想到了什么，使"我"的泪很快流下来了，请同学们思考。

生：看到父亲爬上月台的那份努力，用两手攀着上面，两脚向上缩，身子向左微倾，显出很努力的样子。

师：请你分析一下他怎样努力。

生：他很胖，必须用手用力向上攀，两脚向上缩。

师：哦，他注意到了父亲爬月台的几个动作：攀、微倾、缩，那么我想请问大家，"攀"这个动作有什么特点，表现了什么？

生：月台高，爬月台的过程就像父亲人生的经历。

师："我"看见他戴着黑布小帽……这几句话属于什么描写？

生：外貌。

师：着重写父亲的衣着，父亲的衣着有什么特点呢？让我们产生了怎样的感触？

生：颜色深，暗淡，渲染了当时祖母去世的气氛。

生：衣着简单，黑布大马褂，深青布棉袍，而他给"我"做的是紫毛大衣，而"我"只是拿来铺座位而已。

师：是啊，在这一段文字中我们可以看到父亲攀爬月台的艰难，在如此艰难的情况下父亲还是那么努力地给"我"买橘子，那么努力地为生活而挣扎着，这一切的源泉和动力是什么呢？

生：是父爱。

师：是呀，在这段文字中浸透着父亲对"我"浓浓的爱，我们来回顾一下大家刚才的分析，这一段精彩的描写主要是外貌描写、动作描写。

播放幻灯片五

我看见他戴着黑布小帽，穿着黑布大衣……（外貌描写）。

我看见他……显出努力的样子（动作描写）。

师：用动作描写来表现父亲攀爬的艰难，对"我"的关爱，那么，在全文当中还有哪些文字能体现父亲对"我"浓浓的爱呢？请同学们找出来。

生：将橘子一股脑儿放在……轻松似的。

生：第四段，再三嘱咐，不放心，拣定了一个靠车门的位置。

师：这么多文字记载了父爱，那么你们觉得是一种怎样的父爱呢？

生：深沉，朴实，无私。

师：看到父亲买橘子的背影我的泪很快地流下来了，可是这时他的背影慢慢地混入来来往往的人群里，在课文的最后作者又想起了父亲的背影，又再次流泪，让我们一起饱含深情地把这个句子读一遍，在晶莹的泪光中……

师：那么在这晶莹的泪光中饱含着"我"对父亲怎样的情感？

生：思念，愧疚，自责。当父亲和别人讲价钱时"我"还笑他迂。

师：刚才同学们说了，当"我"看到父亲为"我"买橘子时"我"流下了感动的泪水，当父亲的背影混入来来往往的人群里时"我"流下了惜别之泪，而在最后的泪光中有"我"对父亲的思念，还有一丝愧疚，刚才同学们还分析了"我"对父亲愧疚的细节，有哪一个词最能体现"我"对父亲的愧疚和自责呢？

师：所幸的是在1928年，朱自清的兄弟朱国华把出版的散文集《背影》交到父亲的手上，"父亲已行动不便，挪到窗前，倚靠在小椅上，戴上了老花眼镜，一字一句诵读着儿子的文章《背影》，只见他的手不住地颤抖，昏黄的眼珠，好像猛然放射出光彩。

"父亲在看到《背影》的几年后，便带着满足的微笑去世了。"

师：读到这里我很想听同学们说说你学习了本文获得了怎样的感受或者说启发呢？

师：回答得真好，这篇文章不仅仅是父爱，不仅仅是父子情深，更有一种从不理解到理解，从不懂得到懂得的过程。

这篇文章也许需要我们用以后的生涯慢慢去品读，等以后你们自己也成为父亲或母亲的时候可能会有更深的体会，感谢朱自清先生，用他朴实无华的语言，教会我们用尊重和理解照亮我们与父辈生活的每一寸光阴，"树欲静而风不止，子欲养而亲不待"，希望同学们在以后的人生旅程中尊重父爱、理解父爱，做一个懂得感恩的人。（在这堂课的结束语时播放筷子兄弟演唱的——《父亲》，让歌声渲染课堂气氛，融情于景，在这首感恩的音乐声中结束这堂课）

三、案例反思

针对这篇课文的教学设计，我重在引导学生以小组为单位自主学习，合作探究，我立足于四个教学点：（1）找突破，文中写了一件和背影有关的什么事情？（2）理思路，文中写了几次背影？（3）抓重点，以望父买橘为重点拓展，欣赏并分析这这段精彩的描写。（4）铺情感，以情感教育为依托，"树欲静而风不止，子欲养而亲不待"，希望同学们尊重父爱、理解父爱，做一个懂得感恩的人。

这篇课文我教了十几年才发现以前的讲解和引导是有疏漏的，并没有把作者朱自清的写作本意引导出来，他和父亲之前产生了一系列矛盾，直至中年时代饱含着晶莹的泪花向父亲献上了一封迟来的致歉信，在泪光中那种对父亲的怀念、愧疚到最后的理解统统都溢于言表，在课前我充分利用自己自制的学前教案，以小组为单位先让学生自主学习，课堂上紧紧围绕第三个教学点"望父买橘"重点拓展，欣赏并分析这段精彩的描写。通过各小组竞相比评的方式来赏析第六自然段的望父买橘，让同学们从不同侧面赏析为什么这次背影让作者终生难忘。这次背影放在了一个怎样特定的环境中才显得如此伟大，以致作者在回忆时又再次地流下了眼泪。作为一个中年人，平生干了很多大事，在给自己母亲置办丧事却要变卖典当、四处借钱来办理，而自己的公事又交卸了，一面又还要为北上求学的儿子筹措学费，在这样的一种特定的背景之下，父亲与儿子一起来到了南京，带着丧母的悲痛，带着寻找工作的艰难，父亲再三踌躇之下还是放心不下，最后决定亲自送儿子到车站，于是便有了南京浦口车站临别前这感人的一幕。整篇文章的焦点也正是这一环节，因此我把重点放在第六自然段望父买橘的赏析上，让学生融情于景，借助多媒体播放筷子兄弟演唱的《父亲》这首歌曲，激发同学们对"父亲"这一词语的重新认识，再度去审视那抱以我宽大、抱以我慰籍、抱以我信心的父爱，从而熏陶他们的情操，使他们做一个有情感、懂得感恩的人。

《邓稼先》阅读教学案例

邰姗姗

一、案例背景

从2014年11月我的省级课题"先学后教，当堂训练"（实践）的研究与实验获准申报立项以后，我便极积开展工作，其课题的主要事项便是对课堂进行改革，先学即先让学生自己动手、动脑去做，后教即在课堂上教师引导学生进行研讨，在这个环节中教师既要全面撒网，又要收拢有度，把控课堂，引导好学生展示学习成果，那么课堂教学的设计则是重中之重，所以经过了上一个阶段的研究，在课堂教学的设计上我们已形成了学生自主合作学习的意识，现将本阶段一堂教学汇报课的教学案例描述如下。

二、案例描述

该教学案例取材于人教版七年级下册第三单元第十一课，本单元主要学习人物传记。

在《我爱你中国》的背景音乐中播放第一张幻灯片，意在烘托气氛，让学生迅速进入文本。

幻灯片一

（1）从"任人宰割"到"站起来了"。

（2）"两弹"元勋。

（3）邓稼先与奥本海奥。

（4）民族感情与友情。

（5）"我不能走"。

（6）永恒的骄傲。

师：在这六个小标题中有一个部分详细地介绍了邓稼先的生平、经历、贡献，是哪一个部分呢？

生："两弹"元勋。

师：请同学们在这一部分文字中勾画出表示时间的词语，梳理邓稼先的生平经历（三分钟）。

幻灯片二

1924年出生	1964年10月16日
1945年	1967年6月17日
1948年	1985年
1950年	1986年
1958年	1986年7月29日

师：在这一部分写了很多时间，其中有三个时间杨振林记得很清楚，具体到年、月、日，为什么这三个时间杨振林记得这么清楚？

生：这三个时间是比较重要的日子，1964年10月16日是中国的第一颗原子弹爆炸成功的日子，1967年6月17日是中国第一颗氢弹爆炸的日子，1986年7月29日是邓稼先逝世的日子。

师：分析得很好，邓稼先的逝世也使杨振林失去了一位亲如兄弟的朋友，那么两弹爆炸的日子有什么意义呢？

生：这些日子是中华民族五千年历史上的重要日子，是中华民族完全摆脱任人宰割的新生日子！

幻灯片三

这些日子是中华民族五千年历史上的重要日子，是中华民族完全摆脱任人宰割的新生日子！

师：朗读这些话我们应该以一种什么样的语气来读呢？哪些词我们应该重读？

生：重要、摆脱、新生之类的词应该重读，要读出我们扬眉吐气、翻身农奴做主人的坚定语气。

师：同学们分析得很好，那么文中就有一部分文字定格在了那段任人宰割的日子，是哪一部分？

生：第一部分"从任人宰割"到"中华人民站起来了"。

师：请同学们齐读从"任人宰割"到"中华人民站起来了"这一部分文字。

师：同学们，历史如一张张的画卷，我们可以用不同的颜色来表达不同历史时期的感受，那么这段中国100年的历史，我们可以用什么颜色来表达呢？

生：用黑色，因为这一百年来我们中国是一段悲惨的历史，我们饱受外国的侵略。

师：作者把时间定格在了哪一年？

生：1898年。

师：请同学们用充满愤怒的语气把这一部分文字朗读一下。

幻灯片四

只举1898年为例：

德国强占山东胶州弯，"租借"99年。

俄国强占辽宁旅顺、大连，"租借"25年。

法国强占广东广州湾，"租借"99年。

英国强占山东威海卫与香港新界，前者"租借"25年，后者"租借"99年。

师：有人说这段描写1898年的文字不够简洁，于是把它改成：德国、俄国、法国、英国租借了中国很多领土。两个句子意思相同，同学们你们认为哪一个更好呢？

生：原文的好，因为原文的句子，不仅写出了是哪个国家强占，而且写出了他们强占的时间，采用排比的句式增强对列强侵略者的痛恨及愤怒。

师：分析得很好，列举了具体的时间，警示人们注意他们强占的时间是如此的久，更能激发人民的愤怒，而且在"租借"这个词上用了引号，讽刺了他们可恶的嘴脸，明明是强占，却声称是"租借"。

师：这段黑色的日子给了我们黑色的愤怒，但我们中华民族这一段时期的历史并不只有黑色这一种颜色，我们再深入地看看这一部分结尾的文字，我们还能读出什么颜色呢？

生：红色。今天，一个世纪以后，中华人民站起来了，红色代表我们站起来了，我们终于骄傲地站起来了，在千千万万中国人的努力下我们站起来了。

师：在这段文字中哪一个字能体现这种红色的激情？

生：站。

师：在这段文字里，除了对民族的骄傲外，还有对谁的骄傲？

生：邓稼先。

师：在这一段历史时期的最后，我们看到了历史的转变，让我们来看看这一部分的最后三段文字吧。

幻灯片五

今天，一个世纪以后，中国人民站起来了……对这一转变做出了巨大贡献的，有一位长期以来鲜为人知的科学家：邓稼先。

师：请同学们把这一段文字朗读一下。

师：同学们，百年时间，历史从来不曾停留下它的脚步，但杨振林先生却把时间定格在了1898年，在这个凝固的时间背后，它具备这深远的历史意义和诚挚的感情，其实在文章的三、四、五部分，杨振林先生还把许多时间停留在了邓稼先的身上，让我们找出这些时间来。

生：1964年、1971年、1982年。

幻灯片六

1967年、1971年、1982年

师：讨论，杨振林把这些时间定格在这些日子有什么样的意义呢？请各小组任选一个时间进行讨论（时间3分钟）。

生：我们小组选1967年，他也没放弃研究，动荡年代出了一个伟大的人物。

师：接下来我们来看一看有没有同学关注到1971年8月16日这个时间呢？

生：1971年邓稼先写了一封信给杨振林，告诉他除了1959年底曾得到苏联的极少"援助"意外，没有任何外国人参加，证实了我们中国人是凭自己的实力造出原子弹的，不需要外国人的援助，中国的原子弹是自己独立制造的。

师：其实文章还有一段文字提到了中国原子弹爆炸以后，美国媒体的反应。我们来看一下。

幻灯片七

在那以前，也就是1964年中国原子弹试爆以后，美国报章上就已经再三提到邓稼先是这项事业的重要领导人，与此同时，还有一些谣言说，1984年3月去了中国的寒春曾参与中国的原子弹工程。

师：在原子弹爆炸以后还有中国新闻媒体作出了这样的报道。

幻灯片八

邓稼先是中国工程技术人员、科技工作者和从事国防建设的工作人员，加上全国各地区、各部门发扬自力更生、奋发图强的精神，辛勤劳动，大力协同，使原子弹爆炸成功。

师：同学们，这两段文字对原子弹爆炸成功的报道是否一样？

生：在中国的报道中说我们发扬的是自力更生的精神，靠的是我们自己的力量和实力来完成的，但美国的报道谣言说是寒春曾参加中国原子弹的研究，也就是说他们并不相信咱们中国人有这个实力，他们质疑中国，质疑邓稼先。

生：在那个动荡的年代里，国际社会对中国，对邓稼先是质疑的。

师：同学们，我们不妨想一下，为什么美国报章会有这样质疑的声音呢？

生：因为中国当时很落后，很黑暗，所以美国不相信中国能有这样的实力来完成这项研究。

师：是呀，在这样落后的条件下，没有人会相信中国会有这样的实力去完成，但当杨振林证实了事情的真相后，他会有一种怎样的心理呀？

生：先是震撼中国有这样的实力，后是为我们能有这样一个高科技人才而骄傲。

师：那么文章有没有文字传递了杨振林这样的心理？

生：这封短短的信给了我极大的感情震荡，一时热泪满眶……事后我想是为了民族而自豪？还是为了稼先而感到骄傲？——我始终想不清楚。

师：好，我们继续来看，有没有小组关注到1982年？

生：1982年，他做了核武器研究院院长以后，一次井下突然有一个信号测不到了，大家十分焦急，人们劝他回去，他只说了一句"我不能走"。他的语气是坚定的，也正印证了前面对邓稼先一生的评价"鞠躬尽瘁，死而后已"。

师：很好，我们一起来读一读这一段话。

师："我不能走"是一种怎样的语气，他不能离开哪里？

生：他不能离开井下，那是他工作的岗位。

师：那里到底是一种怎样的环境呢？同学们，我们一起来读一读，去感受一下他工作的环境。

生：青海、新疆、神秘的古罗布泊……我不能走。

师："我不能走"，难道这个地方有那么好吗？

生：当时邓稼先工作的地方非常艰苦、恶劣。如：戈壁滩上常常风沙呼啸，气温往往在零下三十度……但他想到的是祖国，他是在为祖国和人民做贡献，为中华的崛起而努力工作，在爱国精神的支撑下，他要坚持下去。

生：马革裹尸的战场条件恶劣，但他没走，可以看出他坚定的信念。

生：也不知道邓稼先在蓬断草枯的沙漠中埋葬同事、埋葬下属的时候是什么样的心情，说明这个地方很危险，经常会有同事因工作而死去，但他却毫无退缩之心，条件的艰苦并没有阻挡他为国防事业奉献的决心。

师：很好，那是一个与生与死相伴的地方，是一个常覆三军的地方，我们看杨振林先生把时间定格在了1898年、1971年、1982年，在这些时间的背后作者寄予了深刻的意义和诚挚的感情，下面我们请一位同学来总结一下杨振林先生定格这些时间的意义。

生：时间的跨度，典型的事例体现了邓稼先那种无私奉献的精神。

生：敬佩。

师：是的，在那个动荡的年月，做出这样的事确实不容易，其中有一个字我觉得最能体现这种感情，是哪个字呢？

生："竟"字应重读。

师：好，我们读了这两段文字后，如果在当时文革初期让奥本海默来做这件事，结果会怎样？依据是什么？

幻灯片九

生：结果会出惨案，奥本海默是一个工作业绩拔尖的人，但他的性格锋芒毕露。

师：是的，仰慕他的人很多，但不喜欢的人也很多。为什么邓稼先能够做好劝说工作呢？

生：第五自然段说到邓稼先是个忠厚平实、没有私心的人，人们绝对相信他并信服他。

师：对，在文章的结尾，杨振林对邓稼先和奥本海默做了非常公平、客观的评价：我以为邓稼先如果是美国人，不可能成功地领导美国原子弹工程，奥本海奥如果是中国人，也不可能成功地领导中国原子弹工程。

师：同学们，对于这样一位伟大的科学家，杨振林先生在文章中用一段文字集中表达了他对邓稼先的感情，请大家在文中找出来，是哪一部分文字呢？

生：永恒的骄傲。

师：我们可以想象一下杨振林先生会用一种怎样的心情来写下这段文字呢？

生：邓稼先为人忠诚纯正，是我最敬爱的挚友。他的无私的精神与巨大的贡献是你的也是我的永恒的骄傲。

……

——是的，如果稼先再次选择他的人生的话，他仍会走他已走过的道路，这是他的性格与品质，能这样估价自己一生的人不多，我们应为邓稼先庆幸！

师：同学们，你从中听到了杨振林怎样的感情呀？

生：敬佩。

生：骄傲。

师：是呀，我们为邓稼先而骄傲，当我们知道这个名字的时候，他却已经平静地离世了，临终前还叮嘱战友不要让别人把我们落下太远，所以杨振林用这样深情的笔触来写下了对邓稼先这样浓厚的感情，在中国现当代的历史上邓稼先带给我们的就是永恒的骄傲。

（播放《我爱你中国》的背景音乐渲染气氛）

板书：

1898年、1971年、1982年（艰险，恶劣）

文革——动荡　　　美国——质疑

三、教学反思

这一堂课我觉得在问题的设计上我把控了三个大点：第一，以文中三个比较重要的时间直入主题引出邓稼先，接着把邓稼先放在百年屈辱的历史背景下来凸显人物的伟大；第二，同样以时间作为跨度，1967年、1971年、1982年，从这三段历史时期分析邓稼先的人物形象，并把他与美国原子弹设计领导人奥本海默进行对比，迥然不同的性格来衬托邓稼先的忠诚纯正、无私而伟大；第三，通过分析这个将生命奉献给祖国国防事业的崇高生命，我们为此而感到永恒的骄傲来结束全文，思路是清晰的，在问题的设计上也是层层展开的，课堂上尽量调动同学们参与的积极性，让他们去做、去学、去谈自己的感受，去文中找理论依据，从而达到我的课堂教学改革"先学后教"的目的，以及以学促教、少教多学的教学理念，还原学生的主阵地，还原课堂本色，真正达到学生学得愉快，老师教得轻松的效果。

《人民解放军横渡长江》阅读教学案例

邰姗姗

一、案例背景

我一生干了两件事，一是和蒋介石斗了那么几十年，把他赶到那么几个海岛去了，抗战了八年，把日本人请回老家去了。对这些事持异议的人不多，只有那么几个人。在我耳边叽叽喳喳，无非是让我及早收回那几个海岛罢了，另一件事你们都知道，就是发动文化大革命，这件事拥护的人不多，反对的人不少。

——《毛泽东传（1949—1976）》（中共中央文献研究室编）

二、案例描述

列举毛主席这一段话为突破口。

师：这段话是毛主席晚年对于自己一生的总结，他说我一生干了两件事，一是和蒋介石斗了那么几十年，把他赶到那么几个海岛去了，抗战了八年，把日本人请回老家去了。对这些事持异议的人不多，只有那么几个人。在我耳边叽叽喳喳，无非是让我及早收回那几个海岛罢了，另一件事你们都知道，就是发动文化大革命，这件事拥护的人不多，反对的人不少。

师：晚年的毛主席很超然，他把蒋介石都亲切地称为老朋友，但回想起硝烟弥漫的解放战争哪有那么超脱，那不是赶到那么几个海岛上去的，分明是打到那么几个海岛上去的。为此在历史上发生过有历史性转折意义的战争，同学们能说出这次战役的名称吗？

生：渡江战役。

师：毛主席为渡江战役还写过三则新闻，我们今天所学的这一则就是其中的一篇。

师：老师对同学们的学前案进行了批阅，发现同学们对这则新闻的共识是用词准确、语言简洁、内容真实、感情色彩鲜明。

师：下面请同学们自读课文，圈画关键字、词、句，你们从哪里得出这些结论。

生：从标题中《人民解放军百万大军横渡长江》发现语言的准确性，中西东路军加起来是百万大军。

师：在新闻开头的称为电头。电头中包含了哪些内容？（通讯社）在中国乃至世界都享有权威性的通讯性（地点、时间），通过分析我们发现他的报道很及时，大家看他用了22日22时电。据老师了解专业的新闻撰稿人也难以把新闻控制到以小时为单位，但是毛主席他做到了，所以这里不仅报道及时，而且这则材料也是真实可靠的。

生：一方面……一方面。

（主观）　（客观）

生：不料……（语言简洁）。

师：其实作为新闻大家有没有发现这则新闻的第一句比较有意思，我们来读第一遍，看看作者的想法表达自己的见解。

生：人民解放军从……横渡长江。

生：从人数和发起的地点，总领后文，从百万大军，横渡长江有一种气势磅礴的感觉。

师：老师请问大家一个问题，你们觉得这个横渡能不能改成胜渡。

生：不能。从北岸渡至南岸，横渡体现出雄赳赳，气昂昂的气势，胜渡是胜利地渡过，此时并没有胜利渡过，所以这里体现的新闻语言的真实性、简洁性。

师：那么你们是从哪里找到依据的呢？

生：至发电时，该路三十五……余部二十三日可渡完。

师：通过对这则新闻的学习，我们来评价一下在战斗中的人民解放军的表现？

生：英勇作战，势不可挡。

师：毛主席对人民解放军也有过一个高度的评价，他在一篇文章中这样写道："人民解放军正以自己的英雄式的战斗，坚决执行毛主席、朱总司令的命令。"你们想人民解放军怎么就能进行英雄式的战斗呢？作为战役的总指挥，毛主席是不是有什么英明之处呢？所以需要大家来共同解决这样的一个问题：

识人（3分钟）

师：从这则新闻看，毛主席在战略部署、军事指挥方面有哪些过人之处？分析时先概括他们的英明之处，再结合具体内容分析。

生：汤恩伯是国民党的高级将领，他们认为南京江阴段防线是很牢固的，弱点只在南京九江一线。那么解放军怎么知道，毛主席怎么知道，其实也就是毛主席能够知己知彼、百战百胜，毛主席非常擅于鼓舞士气，先中路攻破，再东西两路双管齐下，这与国民党拒绝签订和平协议有关。其实在三大战役之后（辽沈战役、淮海战役、平津战役，"蒋家王朝"大势已去，而此刻长江以北都已解放，就全国解放这个战役上国民党已同意在1949年4月20日之前签订和平协议，然而到了4月20日还是没有签订协议，没有遵守诺言，我们来看毛主席号令发起进攻是在4月22日起，果断、攻其不备、先发制人、出其不意，国民党的广大官兵一致希望和平，不想再打了，而汤恩伯去芜湖督战却无战可督，充满讽刺，节节败退，我们想这不仅仅是解放军能听到的，国民党也能听到，听到之后国民党的军心会涣散会动摇，兵书上有言，"攻心为上，攻城为下策"，心战是上策，兵战是下策，这里毛主席的高明就在于"攻心为上"的上策略。

师：好，到现在为止我们已经把毛主席在作战指挥的英名之处做了分析。

长江，是中国的第一大江，被兵家视为天堑，下游江面宽达2至10余千米，水位在每年四五月开始上涨，特别是五月汛期，不仅水位猛涨，而且风大浪高，影响航渡，沿江广阔地域为水网稻田地，河流湖泊较多，不利大兵团参加。

师：长江乃天堑，那么人民解放军又是如何化险为夷的呢？

"安徽各级党组织和安徽人民全力支援渡江战役，皖北人民共出动常备民工和临时民工279万人，担架1.5万副，修复铁路210千米，公路1600千米，支援粮食18万吨，紫草3.6万吨，大小车辆9.8万辆，船只1万余艘"。

师：其实我们还依靠了人民的力量，所以很多人评价毛主席为儒帅（枪杆子和笔杆子并用）。

师：毛主席新闻写作堪称典范，那么一篇规范的新闻应该具备哪些特点呢？我们来做一个总结，首先看看课后练习一。接下来请同学们用笔把这篇文章的五部分划出来。

三、作业

（1）读《中原我军解放南阳》这则新闻，划出新闻结构的五部分。

（2）试举例体会这则新闻内容的真实、报道及时、语言简洁的特点。

（3）什么是新闻，新闻有什么特点，结合文中的具体问句来说明。

（4）从这则新闻来看，毛主席在战略部署、军事指挥方面有哪些过人之处？（结合文中具体内容加以分析）

（5）仔细阅读课后练习一，圈出这则新闻的五部分。（标题、导语、主体、背景、结语）

《白雪歌送武判官归京》阅读教学案例

郃姗姗

一、案例背景

卷首语：

古往今来，纷飞的白雪成为无数文人墨客吟咏的对象。诗人岑参笔下，"忽如一夜春风来，千树万树梨花开"，冰天雪地的边塞泛起盎然春意，"山回路转不见君，雪上空留马行处"那份依依惜别之情更是打动人心。今天，我们一起随着岑参的名篇《白雪歌送武判官归京》，去欣赏他笔下的边塞奇景，感受万千思绪。

《白雪歌送武判官归京》是人教版教材九年级下册的一首诗歌，是唐代边塞诗人岑参在轮台任西安北庭节度判官期间所作的名篇，因诗句中所蕴含的景奇、意深、情浓而成为千古名篇。

诗作于唐玄宗天宝十三年（754年）。当时在西北边疆一带，战事频繁，岑参怀着建功立业的志向，第二次出使边关，诗人在轮台送前任武判官归京时，看到漫天的飞雪，他既感受到了祖国古代边塞视野的辽阔、天气的奇寒、冰雪的奇丽，又涌起了对战友的依依不舍之情，心中无限惆怅，这首边塞诗表现出一种宏阔大气的风格。

这首七言古诗，全诗共18句，前10句紧扣文题中的"白雪"二字，后8句紧扣文题中的"送归"两字展开，奇雪映别情，内涵丰富，意境独特，具有极强的艺术感染力。

二、案例描述

咏奇异之雪

全文气势飞动，描写逼真，气魄宏大，开篇点雪。"北风卷地白草折，胡天八月即飞雪"，风中见雪，风雪共舞，点明天气之寒，风雪之后边塞将是一派什么景象呢？

"忽如一夜春风来，千树万树梨花开"，诗人联系生活体验，好一个以梨花喻冬雪的千古名句。这个新奇的比喻，既写出了雪的洁白，把一个银装素裹的世界写得春意盎然，一个"忽"字又把诗人的那份惊喜刻画得淋漓尽致。而这样奇特的想象，也表现了诗人的乐观情怀和开阔胸襟。

"散入"一词把我们的视线从室外转入室内。"狐裘不暖""锦衾薄"一系列细节描写，反衬出这种严寒到了让人难以忍受的程度，而"角弓不得控""铁衣冷难着"一句，选择的意象也极富边塞特色，从侧面反衬边塞气候奇寒，可以想见戍边将士的生活是何等艰难。

"瀚海阑干百丈冰，愁云惨淡万里凝。"诗人的视线再次由室内转向室外"百丈冰""万里凝"，地上冰结，天上云愁，天地之间皆着主观之色彩，为下文写饯别酝酿了氛围。

叹离别之情

后8句送武判官归京。"中军置酒饮归客，胡琴琵琶与羌笛"，中军帐里，置酒饯别，胡琴、琵琶、羌笛三种乐器写出了送别时宴会的热闹，用边塞特有的乐器来为友人吹奏饯行之歌，欢歌中渗出的是淡淡的悲凉与离别的感伤。

"纷纷暮雪下辕门，风掣红旗冻不翻"，此句细节描绘，有动有静，"纷纷"壮其雪花飞扬之势，"暮雪"点明了时间，已到傍晚，"辕门"点明了送别地点。而"掣"字真实地描绘出红旗被冻硬了，在风中一动不动的情形。那冻住的一面"红"，与飘飞的漫天"白"，形成对比，色彩鲜明。

"轮台东门送君去，去时雪满天山路"，虽然雪越下越大，送行的人千叮万嘱，送了一程又一程。那雪纷纷扬扬，覆盖了战友要归去的路，那飞扬的白雪，就是我无尽的别愁，我望穿冬雪，心已随友人归去。

"山回路转不见君，雪上空留马行处"，这两句表达了诗人对友人的依依不舍之情。每每读到此处，不禁想起李白的"孤帆远影碧空尽，唯见长江天际流"。此句成为此诗的点睛之笔，留下了无限的思考空间：看着"雪上空留"的马蹄迹，诗人在想些什么？是对行者难舍而生留恋，是为其"长路关山何时尽"而发愁，还是为自己归期未卜而惆怅？伫立良久，一个"空"字堪称一绝，人去雪空，只有悠悠不尽远去的马蹄载着诗人的担忧与感伤渐行渐远。雪空？还是心空？形成了一个艺术留白，远行人消失在雪地里，而诗人还在深情地目送，此时无声胜有声，离别之情、怅然之感顿生。

《白雪歌送武判官归京》从塞外冰天雪地的奇异风光着笔，在咏雪中暗寓别情，以送别结；在送别中描绘雪景，展现深情。

《小圣施威降大圣》阅读教学案例

邰姗姗

一、案例背景

我一直以来都认为，课堂是学生交流与成长的最佳场所。以培养学生自主先学、老师引导学生进行研讨、以小组合作探究、组内优生带后进生的教学模式进行课堂教学，以达成合作共赢的目的。如此一来，课堂改革的关键就在于我们的课堂教学该如何设计，就要求在备课时立足教材的至高点，铺设好课堂的路线。经过上学期第一阶段的研究，对学生学习能力的培养这方面工作的开展，也取得了一点小小的成效，下面我就实施研究过程中的一个案例陈述如下：

《小圣施威降大圣》这篇文章是人教版七年级上册第六单元的第一篇课文，同时也是本单元的重点篇目，本单元的作品想象极丰富，给我们描绘了一个个亦真亦幻的世界，令人惊叹，引人遐想。本单元教材编排意在激发学生的想象力，并联系自己的生活体验，深入理解课文，本文的学习重点是品析二郎神和孙悟空在斗变的较量中凸显人物性格，感受人物在天马行空中的妙趣，于是在引导学生的学习过程中我立足于三个点：一是小圣VS大圣，战斗力谁更胜一筹；二是以小组为单位找找小圣与大圣各自的变化；三是以老师的下述例句为例，找关键词（动词、形容词、心理描写等），品读文中妙趣横生的人物形象，感受吴承恩以浪漫手法描绘的色彩缤纷的神话世界。

二、案例描述

播放幻灯片一:《小圣施威降大圣》

——吴承恩

导入:同学们,《西游记》这部名著你们了解吗?那么在这部经典名著中谁给你留下的印象最深呢?孙悟空这么厉害,众天兵天将都奈何不了他,但有一个人却与他不相上下,这个人是谁呢?

生:发愣

生:二郎神,二郎神。

师:对,就是二郎神。

播放幻灯片二:

(1)大圣——孙悟空,会72般变化,一个筋斗十万八千里,有火眼金睛,能看穿妖魔鬼怪,因大闹天宫,玉帝令托塔李天王率天兵天将捉拿悟空,悟空两度打败众天神。

(2)小圣——真君二郎神,杨戬的别称,人神混血,力大无穷,法术无边,撒豆成兵,民间传说有73般变化,阙庭有法眼,座下有神兽哮天犬。

师:两个人都如此厉害,那么他们打斗起来会是怎样的一番景象呢?谁更胜一筹呢?请同学们拿出你们的学前案上那一份调查表。

播放幻灯片三:

小圣VS大圣战斗力调查表

人 物	比兵器	比兵法	比变化
大圣孙悟空	金箍棒	布阵妖猴	72般变化
小圣二郎神	神锋	四太尉	73般变化
我的看法	大圣更胜一筹	小圣井井有条,大圣惊慌失措	识破大圣花样

师:课文中当孙悟空变成什么时,小圣不再变化?

生:花草。

师:为什么当孙悟空变成花草的时候,小圣不再变化了呢?

生:因为小圣觉得低贱,不符合他的身份。

师：从中我们可以看出小圣的性格是怎样的？

生：高傲，不拘一格的清高，最后孙悟空戏弄了二郎神，变成了二郎神的模样。

师：看来同学们的自习还是很认真的，在文中他们都变了72、73下吗？文中他们是怎么变的呀？请同学们完成你们学前案上合作探究的调查表。

要求：以小组为单位，探讨各自调查的结果，并选派组内一位同学上黑板板书（找关键词），另外一个同学代表小组发言。（时间五分钟）

播放幻灯片四：

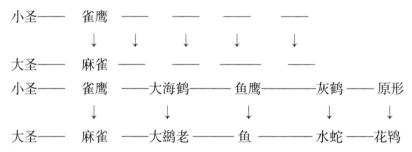

师：文中的大圣与小圣处处针锋相对，又处处妙趣横生，它使得老师想到著名文学家林庚对西游记的评价。

播放幻灯片五：

《西游记》是我国文学史上一部最杰出的充满奇思异想的神魔小说，作者吴承恩以浪漫主义手法描绘了一个色彩缤纷的神话世界，创造了一系列妙趣横生、引人入胜的神话故事。

————林庚《浅谈〈西游记〉的艺术特色》

师：老师在评读中也的确读到了许多妙趣横生、引人入胜的地方，下面请看老师我的这一段。

播放幻灯片六：

大圣不恋战，只情跑起。将近洞口，正撞着康、张、姚、李四太尉……正嚷间，真君到了，问："兄弟们，赶到那厢不见了？"众神道："才在这里围住，就不见了。"二郎神圆睁凤眼观看，见大圣变了麻雀儿，钉在树上。

师：老师觉得这个"撞"字用得很妙，他跑出来居然会撞着别人，他一面担心猴儿们的安危，毫无恋战之心，跌跌撞撞的慌忙之态表现得入木三分，淋漓尽致。洞外正当如此紧张的场面，他却摇身一变，变成麻雀飞到树梢头钉住了，"钉"那可是一动不动呀，足可以让我们看出大圣的机警，可再读一读又不忍让我们发笑，这个大圣果真够顽皮的，居然在那装傻充愣了，同学们看一看文章原本紧张的气氛却被一个小小的变化"钉"给消解了，你看是不是让我们觉得精彩又不忍发笑呢？接下来同学们也去文中找一找，看看能不能读出你们的奇趣来。下面老师给大家一点指导的方法吧！

播放幻灯片七：

〔指导方法〕

仿照示例：圈画出关键字、词（如动词、形容词等），也可关注人物的语言交锋、心理活动，找找文中的趣味，谈谈你的发现。

尝试朗读你品味的句子，介绍你朗读的技巧。（时间10分钟）

生：大圣被追得上天无路，入地无门，变成土地庙的这一个环节给我留下了很深的印象。大圣不知尾巴放在哪里，于是变作一根旗杆，让人忍俊不禁，我觉得这是文章中最精彩的情节。

生：大圣戏耍二郎神，变作二郎神的模样这个情节很可笑，写出了猴性的调皮，在紧张的斗法过程中使人们又稍稍地得以舒缓，给读者留下了很深刻的印象。

生："那六兄弟，慌慌张张，前后寻觅不见，一齐吆喝道'走了这猴精也，走了这猴精也！'"，这句话写"六兄弟"的"慌慌张张"，反衬孙大圣的沉着、镇定。

生："却说那大圣已至灌江口，摇身一变，变作二郎爷爷的模样，按下云头，径入庙里，鬼判不能相认，一个个磕头迎接。他坐中间，点查香火：见李虎拜还的三牲，张龙许下的保福，赵甲求子的文书，钱丙告病的良愿"。这几句话语言幽默诙谐，既写出了猴性的调皮，又刻画出了一个机敏可爱的大圣形象。

师：同学们读得都很仔细，但是你们注意分析一下每一次大圣变化时，小圣二郎神是怎样反应的？

生：二郎神并没有置孙悟空于死地，他只想捉住他，并不想伤害他。

生：大圣在变化时也是给对方留有余地的，而小圣在追赶中也并没有把对方置于死地，二人在斗争中好似在玩游戏。

师：在小圣与大圣玩耍中把故事的情节推向高潮，而同学们在品读故事的情节中除了发现故事妙趣横生之外，还看出了人物的性格特征，这一点做得很好。

大圣原本不可一世，大闹天宫，唯我独尊，却又心怀弟子，具有慈爱人性。

小圣法力无边，有不拘一格的清高之态。

《西游记》实在妙趣横生、引人入胜，同学们，你们想知道这场战斗的结局吗？如果想，请在课外阅读《西游记》的相关部分。（播放《西游记》的主题曲——蒋大为演唱的《敢问路在何方》，渲染课堂气氛，使学生回味所学内容，加深学习记忆）

三、案例反思

在这篇课文的设计上，我重在引导学生以小组为单位自主学习、合作探究，我立足于三个点：一是小圣VS大圣战斗力谁更胜一筹；二是以小组为单位找找小圣与大圣各自的变化；三是以例句为例，品读文中妙趣横生的词语，感受吴承恩以浪漫手法描绘的色彩缤纷的神话世界。课前先给学生充分的时间进行自主学习，然后在小组中进行讨论，讨论后让小组中的某一成员上台板书，一名同学口头陈述这种方式让学生在课堂上人人有事做，与此同时也增强了小组合作学习的意识，凝聚小组的力量，增强小组团结学习的战斗力，第三个环节在引导学生品词赏句的时候先以例句作示范，这样就降低了学生品读的难度，给他们的分析事先指明了方向，他们也能试着去找一些妙趣横生的词或句子，对人物形象加以品析。但在教例中不足的是，可能有的学生从没有在电视里关注过这两个人物，所以我觉得我顾及的面稍微窄了一些，我可以在第一板块导入的时候播放一段小圣和大圣打斗的视频，和学生共同梳理一下《西游记》中与课文相关的情节：先是天帝派巨灵神来降服，结果战败，于是天帝又接着派哪吒来，又一次战败；第三次在观音的推荐下派二郎神来，才终于降服了大圣孙悟空。那么天帝为什么要用武力降服孙悟空呢？在这之前，又发生了什么事？这就要从石猴出世说起了，东胜傲来国花果山的山顶上有一颗石头经受日月精华，化为一石猴，带领群猴找到洞天福地，被推选为美猴王。后来这个美猴王拜菩提祖师，学到了长生不老、七十二般变化、筋斗云的技艺。回来到东海龙宫又寻得如意金箍棒及一副披挂，大闹冥府在生死簿上勾去猴子猴孙及自己和朋友们的名字，龙王和冥王一起上奏玉帝，玉帝差太上老君招降，孙悟空上天做了半个月弼马温的差事，后来当他知道此官小到不入流派，一怒之下返回了花果山。自己封了个齐天大圣，玉帝又招安，准许他做齐天大圣，派遣他去看管王母娘娘的桃园。孙悟空又偷吃了王母娘娘的蟠桃，偷喝美酒，偷吃金丹，大闹蟠桃盛会，惹恼了玉帝，于是玉帝派巨灵神、哪吒、二郎神来捉拿孙悟空，接下来故事的情节就从课文开始了。先给学生梳理一下故事的前因后果之后再进行引导学习，如此一来，既增强了学生的直观感受，激发了他们的学习兴趣，同时又使学生的学习热情更加高涨。

《老王》阅读教学案例

邰姗姗

一、案例背景

《老王》是当代文学家杨绛于1984年创作的一篇回忆性散文。文章以"我"与老王的交往为线索，回忆了老王的几个生活片段，刻画了一个穷苦卑微但心地善良、老实厚道的"老王"形象，表达了作者一家对老王那样不幸者的关心、同情和尊重。作者也提出了一个引人深思的问题：社会应不应该以人道主义精神来关心不幸者。本文对人物的剖析还是挺有意味的，一个时代所彰显的人文、一个社会苦命人的悲催都跃然纸上。

二、案例描述

师：老王他叫什么名字？

生：文中没有提到他的名字。

师：老王为什么在文中没有名字？

生：生活卑微，不被人重视。

师：今天我们就随着杨绛的笔触一起来关注这个卑微的人。

师：请同学们在文中找出哪些地方体现老王是个身份卑微的人？

板书（卑微的人）

生：第2节，人老没用，靠着活命的只是一辆破旧的三轮车，所以说失群落伍，而且是个单干户，他自己是这样说的，但推测一下可能实际情况是怎样的？

生：并不是他的脑袋慢，而是他有一只眼睛瞎了，大家都嫌弃他。

师：这些都是老王自己讲的，但实际上还有什么也是老王自己讲的。

生：他有两个侄子，可是也嫌弃他。

师：也就是说老王除了身上有残疾，他在精神上也是一个受人侮辱损害的对象。那么这样的不幸就在老王身上得以体现：一是物质（穷），二是精神（苦）。所以我们说他是一个卑微的人，那么作者杨绛和她的家人是怎样对待这个不幸的人的？

生："我"女儿给他吃一大瓶的鱼肝油，在那样一个物质匮乏的年代是非常难得的；"我"经常坐老王的三轮，他蹬"我"坐，一路上我们说说闲话，说明"我"非常照顾老王的生意，作者一家人对老王的同情出于内心的一种善良，一种好意。既然我们一家人对老王这么好，那么为什么文章的结尾作者对老王的情感却说成是愧怍呢？

师：请学生读，理解为什么作者会对老王感到愧怍？

师：在老王给"我"送鸡蛋和香油的时候"我"感到的是什么？

生："我"感到可怕，看着老王直僵地，简直像棺材里倒出来的。

师：读"有一天——啊，老王，你好了吗"。

生：骷髅、白骨、僵尸这些可笑吗？很可怕，很可悲，这么一个场景让我们想象一下，有的时候我们说对于一个可怕的事物，很丑陋的事物细描细绘是一种很残忍的事情，但是我们看到杨绛用一种非常冷静的笔触在描绘着老王。

生：老王的外表可怕，而内心却是那么善良，所以说文字非常有张力，作者的笔触虽然冷，但冷静的笔触下面有一颗非常热的心，这就是文字的强烈反差。它直抵我们的良知，直抵我们的内心。

师：那么对于这样一个去世前带着病还来送鸡蛋和香油的老王，那时"我"是一种怎样的心情，刚才有同学说要尽快把他打发走，从哪里看出来的？

生：我强笑说，非常勉强在笑，我不想让他看出我对他的害怕，如果我都表现出对他害怕，那样会非常损害老王，我不能像其他人那样对待老王，所以我是强笑着，但我除了强笑还能怎样呢？

师：我们来看看老王走的时候，"我"再送他的时候，我们两个的语言，对话和形容词，当时老王是怎样想的？"我"是怎样想的？

生：第一个忙阻止"我"是因为他知道"我"是要去拿钱的。他到这里来只是表达他的一种感谢，因为知道他已病入膏肓了。而"我"却误解了他的好意。他要来表达对作者一家人的感谢，表达他的牵挂，他把我们当作他的亲人看待。

生：老王站着在那等的原因是因为他有礼，但是事实也是老王表达谢意的一种方式。

师：作者也赶忙解释"我知道我知道"，当时"我"知道吗？不知道，也许在过去很多年以后，反复琢磨的时候才知道，但是当时只当成一种物质的回馈，那么老王为什么会站那里等"我"？

生：因为他觉得这是杨绛表达谢意的一种方式，他就想维护"我"的那种清高和自尊，在当时，知识分子，特别是像杨绛、钱钟书他们这种高级知识分子被批斗，被打倒成社会的最底层，生活在社会最可怕的一种边缘状态，所以这里他是想维护"我"的一种自尊。

师："滞笨"跟之前的"赶忙"是不是有个反差？

生：他感到失望，他的一番心意，但到对方眼中却变成一场交易，临死了，但自己的那一份情义，还是不能被对方理解。

师：他当时是很失望很落魄地走下去，"我"做了什么？

生：我忙去给他开了门。

生：我看着他一级一级地走下去，走得直僵僵，脚似乎都不能弯曲。

生：可能当时"我"是很纠结的，一方面觉得老王那样子很害怕，另一方面始终觉得与老王是两个世界的人，所以就站在那里看着，尽管心里很纠结，等到听不到脚步的时候我回到屋里才感到抱歉，之前为什么没有感到抱歉呢？

生：当她回想这件事的时候她才感到抱歉，作者在那个反应过程中应该是很快的，在当时被害怕、纠结、清高、自尊包围的时候她没有。当她冷静下来的时候，她才感觉到抱歉，感到抱歉的原因是什么？

生："我"拿钱给他，看着他走，"我"也可以请他进家里来坐坐，喝杯茶，陪他聊聊天，"我"都没有做，始终"我"觉得"我"与老王有一种隔阂，你能在文中找到这种隔阂的句子吗？

生：我经常坐老王的车，他蹬我坐，我们说说闲话。他蹬我坐这种身份和地位很显然的。而且我们只是说闲话，没有与老王交心，这是两个世界有隔膜的人。

师：到最后老王已经死了，请理解"愧怍"，结合送香油、送鸡蛋的描写进行阐释。

生：老王把"我"当作亲人对待，而"我"却用钱去侮辱他，不能理解他最后的心意。

师：是呀"我"对自己不能真正了解老王的心意而愧怍，老王来时"我"没能请他进屋坐坐，老王离开时"我"没有送他下楼，"我"心中不安。"我"还活着，尽管生活是那么的艰难，但老王却死去了，"我甚至还不知道他是如何死去的"，因而"愧怍"。作者的"愧怍"，表现了一个知识分子对待苦难人的悲悯情怀，彰显了纯美的人性，这是本文最富有内涵的意蕴所在。扣词品析，是一种美妙的研读方法，当然，也可以扣"句"品析，扣"段"品析，这就是品读文字带给我们最美的那份感受。

《风筝》阅读教学案例

邰姗姗

一、案例背景

《风筝》是鲁迅写于1925年1月24日的作品，是七年级语文上册第五单元的一篇精读课文，体裁为散文诗。本单元以家庭、亲情为主题，是继"人生""自然""科学"主题之后为培育有血、有肉、有感情的人而设的单元。在本单元所选的五篇课文中，《风筝》是意蕴最丰富的一篇，是培养学生探究性阅读能力的好教材。鲁迅是长子长孙，爷爷早年出过一些事，陷入囹圄，坐牢了，爸爸卧病在床，因而他在很大程度上担当了家长的职责，风筝讲的是和小弟弟小时候发生的一件事，鲁迅小时候不许小兄弟放风筝，不准小兄弟弄这种"没出息的玩艺"，行为十分粗暴。待到明白游戏之于儿童的意义，鲁迅醒悟过来，明白自己当年的行径，简直是"对小弟弟于精神的虐杀"时，虽然事隔久远，鲁迅还是一心想补过，然而小兄弟却全然忘却，因而"我"的沉重的心只得一直沉重下去。

《语文新课程标准》明确指出："阅读教学的重点是培养学生具有感受、理解、欣赏、解读文学作品的能力。""要注重从课文整体的角度进行教学；简化教学头绪，强调内容综合""加强阅读方法的指导，文意把握、内容探究等方面的教学"。语文课程与教学研究的重心，现在应该转移到语文课程与教学内容的建设上来，王荣生老先生曾指出，在阅读教学中我们应变"鉴赏者"为"解读者"，鉴于此，《风筝》一文我采用了评注式阅读教学法，旨在让学生带着发现、探索的眼光解读文本，通过交流探讨加深对文本的理解，点划评注不仅仅是阅读方法、教学方法的问题，不仅仅是单一地把它看成是一种抽象的方法，还是关乎阅读内容与教学内容的问题，点划评注在作者的情感里。我利用阅读、理解、感受、交流等环节，拓展思维空间，提高阅读效率。在这一活动中，教师只是活动的组织者、学生阅读的促进者。

二、案例描述

第一个教学环节（教学启动）

自由诵读文本，把握全文大意。

问题一：课文讲了一件什么事？

问题二：你觉得作者是带着一种什么感情来写这篇文章的？

用点划评注的方式来把握作者的感情。

出示幻灯片一

请学生阅读下列两则评论的示例，在文中另找出一处或者两处加以点评，揣摩作者的感情。

示例一：北京的冬季，地上还有积雪，灰黑色的秃树枝丫杈于晴朗的天空中。

批注：晴朗的有积雪的冬季，是一幅色彩明朗的画面，让人感受到冬之美，但"灰黑色的秃树枝"，却使得这幅画面的色彩陡然变得黯淡，这个词语在一开头就为全文平添了灰色沉重的一笔，使得晴朗的有积雪的冬季变得寒气四射，作者感受的不是"冬日暖阳"的舒适，而是冬季的肃杀和寒威，这种情感作者在后面一句直接点出了，即"在我看来是一种惊异和悲哀"。正因为景为情生，一句言语蕴含着作者沉重悲哀的情感，作者的情感在哪里呢？作者的情感就在作者的言语里。

示例二：他只是很重很重的堕着，堕着。

批注："重""堕"用了反复的手法，与前面"心变成了铅块"相照应，可见作者当时的心情是多么的沉重，这沉重是由于虐杀了弟弟的游戏童心造成的，因为一直无法补过，所以这铅块始终压在心上，很重很重地堕着，堕着，"重"和"堕"是第四声，读起来就有沉重的感觉，作者的情感在哪里，就在作者的声调里，就在这"重"和"堕"的反复里。

接着学生利用老师的两个事例，在借助与自主的基础上在另一个环节进行点划评注，评点后学生之间相互交流，并选择重点几则进行全班交流。

第二个教学环节（教学递深）

出示幻灯片二

阅读下列几则对鲁迅作品的语言风格和人格精神进行评价的资料，请在文中找到与这些评价一致的地方，并加以点评，评注时要学会运用这些资料中的重要信息。

前面两则事例是学生利用以往的知识、以往的认知、以往的经验对文本进行的点划评注，现在我们借助新的视角、新的眼光、新的材料，再度审视文本，巩固对课文的深层理解。

资料一：关于鲁迅语言风格和人格精神方面的评论。

鲁迅先生创作态度严肃认真，语言准确精炼，逐渐形成了他自己独特的语言风格，有人把它叫作"鲁迅风"，我们阅读任何一篇鲁迅的作品，都会强烈感到它的语言简洁、明快、直白、洗炼，既冷隽又犀利，既深刻又辛辣，具有强烈的嘲讽色彩，富有节奏感和音乐美。

资料二：鲁迅善于运用"白描"和"画眼睛"手法塑造人物形象，展现人物性格是他文学作品中一大显著的特点。

鲁迅最善于运用"白描"手法塑造人物形象，"白描"是我国古代小说创作中常用的艺术表现手法，它要作家用最精炼、最节省的文字，不加渲染、烘托、刻画出鲜明、生动、传神的艺术形象，在他的笔下，常能准确地把握人物最主要的性格特征，不加以铺陈，用传神之笔加以点化，如出水芙蓉，朴实自然。

资料三：关于鲁迅作品准确地运用动词、形容词的语言风格方面的评论。

准确地运用动词、形容词也是鲁迅作品比较突出的语言风格特色之一，古今中外，任何一个伟大的作家对词的运用都是很讲究的，法国作家莫泊桑曾说过不论人家所要说的事情是什么，只有一个字可以表现它，一个动词可以使它生动，一个形容词可以来限定它的性质，因此，我们寻求着并一直到发现这个字、这个动词和形容词为止，决不要安于"大致可以"。鲁迅对潜词用句是很严格的，他曾经说过文章写完后，至少要看两遍，竭力将可有可无的字删去，毫不可惜，因此在他的文章中，无论是叙事状物还是写景抒情，所用的动词、形容词都是十分生动的。

资料四：鲁迅的散文不仅有独特的话题，更有其独特的说话方式。

鲁迅的散文不仅有独特的话题，更有其独特的说话方式，在他的散文中，虽然时时可以感受到他的深邃冷峻，但绝无居高临下、盛气凌人之态，他总是将自己在探索过程中的矛盾、困惑展示给读者，他的目的在于诱发读者更多的联想与发现，议论与诘难，他对读者的要求是精神的互补而非趋一，是对自我的严厉解剖，鲁迅曾说过："我的确时时解剖别人，然而更多的是更无情地解剖我自己。

示例三：又将风轮掷在地上，踏了。

一个短句，两个动词，"掷""踏"就把当时我粗暴地毁坏了小弟弟的风筝的情景生动地再现出来，让人体验到每一则资料中说到的"鲁迅风"的语言特点——简洁、明快、直白、洗练，同时"掷在地上"和"踏了"之间用了逗号，这里可以不用逗号，如果比较阅读一下，两个动词之间用了逗号之后，减慢了动作的过程，为什么要减慢动作的过程呢？我们可以想象作者当时在毁坏弟弟风筝时是快意的、解恨的，这两个动词一气呵成，快速而有力，那么二十年后来回忆这一幕时，作者是带着深深的内疚、自责的，似乎不愿意相信自己曾有过的事实，于是记忆在作者痛苦中慢慢展开，回忆这精神虐杀的一幕也恰如鲁迅在第四则材料中所说的"我的确时时解剖别人，然而更多的是更无情地解剖我自己"。

学生再一次利用拓展性资源再进行一轮点划评注交流，在整堂课的教学设计中教师提供给学生的只是一个教学平台，让学生在教学平台上自我展示，给学生的只是一个教学支架，让学生在"阅读——理解——感受——交流"中循序渐近地走进文本，让作品在学生的理解和感受中一层一层地打开，让学生一个台阶一个台阶地深入感受文学作品，让学生与文学作品对话，与作者进行心与心的交流。

《孤独之旅》阅读教学案例

邰姗姗

一、案例背景

这是一堂由学校组织的公开课，课题是《孤独之旅》。当我拿到这个课题时我有些害怕，害怕不能很好地让学生透彻领悟文章主题。于是我搜寻了曹文轩的《草房子》原著，原著中记录了一群生活在油麻地的孩子，记录了紫月、桑桑、杜小康的故事。这篇文章就是记录杜小康家道中落后，情不得已跟着父亲放鸭，由一个不理解父母脆弱的孩子成长为一个小小男子汉的故事，由于时间紧迫，我没有过多的时间去详细地阅读《草房子》这本书，只是匆匆地看了一下有关资料，并找到《草房子》这部电影中八月份的早晨，杜小康起来边哼歌放鸭子发现鸭栏里有鸭蛋，便大哭起来的片段。

二、案例描述

公开课如期而至，在场听课的教师有14位，所授课的班级是九（1）班，随着铃声的敲响，课堂开始了。

师：同学们，你们有过孤独的感觉吗？

生：有。

师：都有过什么样的孤独呢？

生：寒冷的冬天，一个人孤零零地在家。

师：寒冷的天气，孤零零一个人，环境烘托得孤独。

生：一个人离家在外感到孤独。

师：一份来自陌生的孤独。

生：在不被别人理解，被人冷落时感到孤独。

师：一份来自情感的孤独。同学们，这些孤独，我想都是我们大家都有过的孤独，那么今天我们也要去体会一份孤独。

幻灯片显示课题：《孤独之旅》——曹文轩

师：同学们，在曹文轩的一本哲学散文《前方》中有这样一句话：

幻灯片显示：人离家原因有三：一是外面有一个广大无边的世界，二是离家也许是出自无奈，三是人的眼中、心里，总有一个前方在召唤着他。——曹文轩《前方》

师：相信同学们都把文章预习好了，那么在我们的文本中主人公杜小康离家的原因是上面哪一种呢？

生：第二种，无奈。

师：那么同学们从文中的哪一句话读出来的呢？请同学们朗读第一段。

生：只好。

师：对，只好。那么他为什么要无奈地离家呢？

生：家道中落。

师：你们知道杜小康家为什么会家道中落吗？

生：沉默

师：有没有同学看过《草房子》这本书呢？你们知道那天早晨发生过什么事吗？

生：依然沉默

师：《草房子》是一部非常适合你们看的书，因为它可以磨炼你们的心智，可惜同学们都没有看过，那么老师告诉你们，那天早晨，杜小康的父亲带着所有的家当去进货，但在回油麻地的途中翻了船，所有的货物全部沉入河里，从此杜家一落千丈，不再是油麻地里响当当的人家了。父亲为了挽救家道而设计了宏伟蓝图，从此以后，我们的小康也要跟着父亲背井离乡，踏上一条陌生的道路，也不能再在油麻地小学里当班长，即便心中有一万个不愿意，也不得不跟着父亲走。同学们知道他们去干什么吗？

生：放鸭。

师：是的，放鸭，我们的放鸭娃出发了，我们跟着杜小康踏上他的放鸭之旅。

幻灯片显示：命运把人抛到了路上，人们借着路向前流浪——而前方到底是家还是无边的旷野呢？——《前方》

师：同学们，杜小康的前方是曹文轩散文《前方》中说的家还是无边的旷野呀？

生：无边的旷野。

师：从哪里知道的呀？

幻灯片显示：面对无边的芦荡，杜小康感到……

师：同学们找得很好，那么在文中无边的旷野是哪里？

生：芦苇荡。

师：面对无边的芦苇荡，他感到什么呢？

生：害怕。

师：为什么害怕呢？

生：他离开家，离开妈妈，面对无边无际的芦苇荡，感觉芦苇荡如万重大山把他围住，显得是如此渺小。

师：能体现这种害怕的句子还有吗？请同学们四人一组找出来。

生：吃完饭……

幻灯片显示：吃完饭……

师：同学们找得很好，合作就是力量，杜小康到了芦苇荡时的心情是害怕的，这种害怕一直持续到什么时候呢？

生：晚上。

师：你们从哪里知道的呀？

生：但，这一切无论……

幻灯片显示：这一切……

师：那么到了晚上杜小康的感觉是怎样的？

生：依然恐慌。

幻灯片显示：依然恐慌

师：同学们，杜小康感到恐慌，那么后来他又会感觉到什么呢？

幻灯片显示：前方充满艰辛，充满了危险……

师：曹文轩的散文《前方》中这样说到，请同学们齐读。

生：读

师：我们的小康前路充满了什么呢？

生：孤独。

师：从哪里知道？

生：日子一天一天地过去了，父子俩也一天一天地感觉到他们最大的敌人正在一步一步地向他们逼近，它就是孤独。

幻灯片显示：日子一天一天……

师：此刻小康的感觉是什么呢？

生：孤独。

幻灯片显示：感到孤独

师：还是曹文轩的散文《前方》。

幻灯片显示：前方充满了艰辛，充满了危险，然而又能够壮大和发展自己。

师：那么杜小康有没有像曹文轩散文里说的壮大和发展自己呢？

生：有。

师：哪里知道的？

生：望着异乡的天空，心中不免又想起母亲……

幻灯片显示：望着异乡……

师：还有吗？

生：雨后天晴，天空比任何一个夜晚还要明亮……

幻灯片显示：雨后天晴……

师：暴风雨成了小康成长的催生剂，借着这个舞台，磨炼了他的心智，现在的小康面对孤独是怎样的感觉？

生：不再害怕。

幻灯片显示：面对孤独，不再害怕。

师：放鸭之旅就要走完了，请同学们朗读课文最后两段。

生齐读

师：小康发现鸭栏边有什么？

生：鸭蛋。

师：对，鸭蛋，鸭子下蛋也就意味着鸭子长大了，写鸭子长大了，也正反映了文中的小康怎样了？

生：长大了，成熟了。

师：对，文章到这里，小康的孤独之旅就暂时划上了句号。这篇文章的标题是孤独之旅，实则反映了小康的一个什么之旅呢？

生：成长之旅。

师：是啊，成长之旅，小康由一个不能理解父母的孩子成长为一个小小男子汉，为他以后的人生奠定了坚强的基础，后来，父亲生病去世后，他挑起了家庭生活的重担，在原来就读的油麻地小学门前摆起了小摊，油麻地小学校长桑乔说道：日后油麻地最有出息的孩子就是杜小康了。同学们，你们愿不愿意和我们文中的小康一样成长起来呢？

生：愿意。

播放音乐：《阳光总在风雨后》

师：老师把这首歌送给你们，阳光总在风雨后，不经风雨不见彩虹，最美丽的花永远开在最冷峻的山岭。相信你们经过努力，一定能在人生道路上披荆斩棘，冲破层层风浪，跨过条条大河。真的勇士敢于直面惨淡的人生，敢于正视淋漓的鲜血，相信你们一定是真正的勇士，敢于面对生活给你们的考验，成为明天地平线上升起的太阳。

三、案例反思

课结束了，但学生们久久的掌声回荡在教室里，我也久久地沉浸在课堂里，这堂课感动了学生，也同样感动了我，在掌声中，我和学生们一样成长了，与其在课堂上说得天花乱坠，还不如用情感去感动学生，让他们情不自禁地走进文本，把学习文章上升到另一个高度——被文章感动。

《故宫博物院》阅读教学案例

顾斌

一、案例背景

本文是一篇说明文，重点以空间说明顺序为主对故宫的布局进行介绍，作者按由南到北的顺序，介绍了故宫建筑群规模的宏伟壮丽，布局的和谐统一，故宫的建筑集中体现了我国古代建筑艺术的独特魅力，充分显示了劳动人民勤劳的力量和聪明的智慧。

二、案例描述

导入：电视里流行的清宫戏，如《还珠格格》《康熙王朝》……大家知道这些故事发生的背景地点在哪吗？对了，就是在明清皇宫，那么今天，我就带领大家走进这座神秘的宫殿。

唐代诗人骆宾王有这样一句诗：为睹皇居壮，安知天子尊。那么面对明清两代的皇宫——故宫，我们只能用两个字来概括我们的感受，那就是壮与尊，今天就让我们跟着作者黄传惕的脚步走进红墙黄瓦的故宫，去一睹它的风彩。本单元所选的五篇课文均是说明文，显然本文的说明对象是故宫。接下来请同学们结合学前案上的问题思考并回答：

师：文章从哪些方面介绍了故宫？

生：故宫的概况（位置、历史、价值），建筑布局（三大殿、后三宫、御花园）。

师：那么说明事物就得抓住事物的特征，故宫有什么鲜明的特征呢？

生：规模宏大，建筑精美，布局统一，风格独特。

师：那么这四个方面的特点在书中又是如何体现的呢？请同学们在书中找找。说明文要体现说明事物的特征，而说明事物的特征还要采用一些恰当的说明顺序，本文是介绍建筑物的，常用的说明顺序有哪些呢？

生：时间——时间的先后；空间——地理位置和方向；逻辑——事理的内部联系（一般——特殊、主要——次要、现象——本质、性状——用途、原因——结果、具体——概括）。

师：本文具体来说采用了怎样的说明顺序呢？

生：沿中轴线由南向北。

师：作者的行踪就是在不断变化的，从哪些词可以看出作者的行踪是在不断变化的？请找出这些词。

师：采用这些方位词我们可以看出作者的形踪是在不断地变化，这属于什么呢？

生：动点观察通俗地说叫"移步换景"。

师：既然是动点观察，就要准确地使用表示行踪变化的方位词，那么作者是怎样领着我们去参观故宫博物院的呢？我想请一位同学把作者游览的顺序给我们大家介绍一下。

师：刚才同学们已经介绍得很清楚了，作者是沿着中轴线由南向北介绍的。故宫是庞大的建筑群，大小宫殿70多座，房屋9000多间，作者并没有面面俱到，但也没有走马观花，那么作者重点介绍的是什么建筑物呢？下面请同学们跟着视频一起走进太和殿。

师：刚才同学们欣赏到的这段视频和我们的课文中哪几段文字的内容是一致的，下面让我们齐读这几段。

师：接下来请同学们结合导学案完成下列问题：

（1）第5—8段说明的重点分别是什么？圈出表现特点的词语，太和殿是按什么顺序来介绍的？

（2）太和殿为什么有那么多的龙？为什么建在中轴线上？

（3）第6段是以什么为立足点，按什么顺序来说明的？

（4）在介绍第6段太和殿内部装饰的时候大家注意到了没有，作者没有移步换景，当他静立在某个建筑物的时候，他进行的是什么观察呢？

师：静立某种建筑物时，要进行定点观察，那么首先在确立什么呢？这里的立足点有几个？（找出文中介绍的方位词）

师：那么我们就学到了两种空间顺序：一种是移步换景，一种是定点观察。

师：整篇文章介绍太和殿用了1/4还要多的笔墨，写紫禁城的正门——午门时文章是如何介绍的？这样的介绍体现了本文写作的什么特点？

生：详略得当。

师：详略得当，这样写目的是什么？

生：突出重点，太和殿是故宫具有代表性的建筑，是紫禁城的中心，是故宫的心脏。

师：很好，详写了太和殿，同时又介绍了其他的一些建筑，有详有略，详略分明，使得我们读者可以窥一斑而知全貌。

师：走完了故宫之旅，同学们都有些什么收获呢？我们该如何准确生动地介绍建筑物呢？

生：抓住说明对象的特点，合理安排说明顺序，找好立足点，详略得当，突出重点。

师：通过本节课的学习，我相信大家都学有所得，学有所获，但老师更希望同学们能学以致用，如果你是一名导游，现在有一群游客要到咱们革东中学来游玩，你该如何带领你的游客参观我们的学校？动动笔写一写……

总结：刚才同学们写得很好，真正达到了我们学以致用的目的，有人说建筑是凝固的音乐，建筑是无言的史诗。下面老师给大家一个更加广大的空间，课后去收集天下的胜览，写一篇介绍我国某一名胜古迹的说明文。

《孙权劝学》阅读教学案例

邰姗姗

一、案例背景

《孙权劝学》是人教版语文七年级下册第三单元第十五课，选自《资治通鉴》，这是司马光主持编纂的一部编年体通史，记载了从战国到五代共1362年间的史事。神宗以其"鉴于往事，有资于治道"，命名为《资治通鉴》，即为统治阶级提供政治借鉴。

文言文教学已经成为语文教学中的棘手问题，学生厌学，老师怕教，如何激发学生学习文言文的兴趣，如何调动教师讲授文言文的热情，确实是一个值得深思的问题。文言文教学中有一个矛盾，即解决字词与赏读课文之间的矛盾，这在公开课上显得较为突出。如果花大量的时间来解决字词，则出不了"彩"；如果一味地赏读课文，又成了绣花枕头；两者兼顾，则疲于奔命。既要夯实基础，又要高屋建瓴；既要推陈，又要出新，如何解决这对矛盾？这个问题也一直困扰着我，可就在前一段时间我组到从江三中进行教研交流，由我执教《孙权劝学》作为研讨课，在学校领导及本组教师的帮助下，上了一堂校际交流课，在不断观摩课、反复修改教案的过程中，我逐渐察觉到了文言文教学的其中一条出路：努力挖掘文本价值，体现文言文的内在文化气息，文本的音韵美、言辞美、情感美，才不失文言文的本色。

二、案例描述

以下是我在从江三中试教时的案例实录：

（一）情景导入

师：同学们你们看过《三国演义》这部电视剧吗？

生：看过。

师：用多媒体播放视频《三国演义》主题曲《滚滚长江东逝水》。

师：正如歌中所唱的滚滚长江东逝水，大江淘尽英雄，多少英雄已淹埋在历史的尘埃中，那么在诸多英雄中有一位声名显赫、令许多诸侯闻风丧胆、过五关斩六将的大人物是谁呢？

生：关羽。

师：很好，你们真棒！那么就是这么一个鼎鼎大名的人物最后却败在了谁的手下呢？你们知道吗？

生：沉默

师：请同学们看大屏幕，这两个人是谁呢？

生：关羽和？

师：看来我们很多同学对这个人物不是很了解，《三国演义》可是我国的四大名著之一呀！下课之后请同学们再仔细读读，一定会有很多收获的。左边这位就是"水淹七军威震华夏"等一幕幕史诗剧的英雄主角——武圣关羽，右边这位大家所不熟悉的叫吕蒙，最后武圣关羽竟然是败在了一个不断自我修炼的平凡人——吕蒙的手下，然而吕蒙的成功并不是"夺取荆州袭杀关羽"的作战成功，而在于他自我修炼、自我提升的成功。这一幕还告诉我们，多伟大的天才，也敌不过后天不断修炼的平凡人。那么就让我们走进今天的文本《孙权劝学》，去看看究竟发生了一件什么事使得吕蒙如此长进，居然发生了如此大的改变。

（二）学习文言文读准字音是基础

PPT出示本文的生字，抽查学生的预习情况，有些不到位的可以由教师更正。

学生齐读课文。教师对于学生在齐读过程中出现的错音，在范读中更正。

（三）学习文言文读懂文意是关键

PPT出示《孙权劝学》全文，以四人为小组请同学们利用手中的资料书和课文中的注解试译课文，发现困难请小组长记录下来我们共同解决。

学生试译课文，勾画难点。

老师组织学生把每一个小组的难点解决，对于重点、难点句子可做提示，着重点出一些重要词语，如博士、往事、治经、当涂等。

学生再译课文。

老师抽一个小组的学生朗读课文。

师：我们已经梳理了课文内容，但还达不到我们学习一篇文言文的目的，我们还需要进一步了解故事情节，请同学们仍以四人为小组讨论下面几个问题。

（1）文中提到了几个人？分别做了什么事？

生：孙权、吕蒙、鲁肃。

生：孙权劝吕蒙学习，鲁肃赞吕蒙，并与之结友。

板书：孙权——吕蒙——鲁肃

孙权劝吕蒙学习，鲁肃赞吕蒙并与之结友。

（2）吕蒙在孙权的劝说下开始学习，结果怎样？

生：学有所成，"士别三日，当刮目相待"。

（3）"士别三日，当刮目相待"此话最早描述的是哪位历史人物？

生：吕蒙。

板书：吕蒙

（四）学习文言文读出语气是重点

1. PPT出示孙权、吕蒙、鲁肃三人的对话，推荐三名学生对话演绎。

师：刚才我们三个同学读得真好，给他们掌声！从三人的对话语气中，你们对（孙权、吕蒙、鲁肃）三人有什么样的评价呢？俗话说言为心声，学习文言文我们必须揣摩人物的语气，因为人物的思想感情就蕴含在人物的语气中。

生：孙权善劝，关心部下；吕蒙好学，能够虚心听取别人的劝告；鲁肃敬才爱才。

师：同学们说得真好，看来同学们在文言文的学习上已经不仅仅是解读者了，我们已经上升了一个层次，变解读者为欣赏者了，老师真为你们高兴！

2. 重点研讨孙权语气

老师抽学生朗读孙权的对话。

生：老师，文中的"不可不学"中两个"不"字应重读，双重否定构成强烈的肯定，这体现了孙权劝吕蒙的良苦用心。

师：你们看我们这位同学的心与孙权贴得多近呀，竟能揣摩到当时孙权的一片苦心，掌声！

3. 让学生找出文中鲁肃与吕蒙的对话（PPT出示原文），自由体会他们的语气，各抒己见。

老师让学生交流并体会两人对话时的语气，如"大惊""大兄何见事之晚乎！"中的"！"，学生演绎。老师点评。

师：请找出文中至今一直沿用的两个成语？

生：吴下阿蒙、士别三日，当刮目相待。

（五）谈谈学习本文的收获

师：文中的三个人物中你最喜欢哪一个？为什么？

生：喜欢孙权，他不仅关心部下，而且能言善劝。

师：如果将本文与学过的《伤仲永》做比较，我们得到一个什么启发呢？

生：后天的教育与成才有着密不可分的关系。

生：开卷有益，善于听取别人的意见，只要愿意改变自己，什么时候都不晚。

师：同学们说得真好，最后老师将冰心奶奶的一句话送给同学们："好读书，读好书，读书好"，希望同学们在书的海洋里乘风破浪、扬帆远航！

（六）了解《资治通鉴》

《孙权劝学》短小精悍，告诉我们一个似乎人人知道却又经常被人们遗忘的道理，其实在《资治通鉴》里面这样的小故事还有很多，如在PPT上出示学生熟知的小故事"完璧归赵"，这些小故事都告诉了我们很多深刻的道理。这就是作者司马光编纂本书的目的。

（七）作业

让学生课后找资料，进一步了解《资治通鉴》。

三、案例反思

听完这堂课，在评课交流时从江的老师们给了我很高的评价：课堂知识讲得精，教学结构行云流水、基础知识扎扎实实、课堂教学环节无一赘笔。整堂课思路清晰，环节流畅，是一堂很不错的交流示范课。在课堂结束时所有的学生给了我掌声，这是我没有想到的，我感到很欣慰，这也许是学生对这一堂课的认可吧！课后我也在不断地反思，着眼我们目前的文言文教学现状，师生更多的是将文本当作"语言材料"来处理，关注重点虚实词、特殊句式、通假字、古今异义、词类活用等。于是课堂上学生忙碌的只是摘记，不管懂不懂先记下来再说。这种方法应付考试是不错，却给我们教师出了难题：现在很多学生手上可参考的译文书籍越来越多，学生看起来什么都懂了,那么教师还有什么东西好讲呢?一味地"反复强调"重点,只会导致课堂越来越沉闷,文言文变得越来越枯燥乏味,老师苦教,学生厌学,在十几年的教学生涯中,经过长期的讨论与摸索,我觉得只有通过文言材料的学习,体会文本的文言美、音韵美、言辞美、情感美,才是学习一篇文言文的精髓之所在,深刻地了解并懂得我们的历史,纵古穿今,从而继承和发扬我们的优秀传统文化。中学时期学习文言文,让学生接触一些优秀传统文化,是希望广大中学生成为传统文化的熏陶者,而不是文言文研究的接班人。

《在沙漠中心》阅读教学案例

顾斌

一、案例背景

阅读教学重点在于阅，培养兴趣，扩大阅读面，增加阅读能量。阅读课对于教师的备课提出了更高的要求，不仅备教材，还要备学生，更要备课堂，而对教师来说，对教材分解及对课堂掌控就很关键了。新课程标准实验教科书人教版教材七年级下册第五单元是探险单元，在这次修订中，该单元新入选的课文是《在沙漠中心》，节选自法国作家圣埃克苏佩里的小说《人类的大地》。这篇课文与该单元的探险专题精神契合，又具有独特的风味。《在沙漠中心》主要描写了飞行员作家圣埃克苏佩里在飞机坠毁沙漠、濒临死亡之时的心理活动。大部分同学对探险这个话题很感兴趣，但往往关注的是这一领域的神秘和惊险刺激的情节，忽视心理活动的体味与思想内涵的挖掘。我们每一次阅读也是一次探险的过程和心灵得到洗礼的过程。这篇文章比较深奥，对心理描写句子的品味理解是学生学习这篇文章的重点，所以在引导学生学习中我把作者的心理描写这一环节作为重点分析，通过品读人物心理活动来深化主题，在阅读中充分调动学生的积极性，深入浅出、一步一步地挖出文本作者所要表达的东西，对这一堂课的教学组织，学生课后的反应还是挺不错的。现将本课教学案例陈述如下。

二、案例描述

师：谈谈沙漠在你心目中的印象？

生：干燥，没有水。

师：古人有诗云"大漠沙如雪""黄沙万里百草枯"，那是一个连死神都会望而却步的地方，可是有一个人在二十世纪早期驾驶着一架非常简陋的飞机穿跨茫茫沙漠，为人类开辟了新的航线，他就是法国早期的飞行员之一，作者圣埃克苏佩里。

幻灯片一：

作者简介：圣埃克苏佩里

师：接下来请同学们通过阅读课文，说说"我"在沙漠中心遇到了哪些恶劣的自然环境，又是如何应对的？

生：第1段，在这种没有水汽……跟筛糠似的。

师：很好，那么我们来看在这一段中哪个词或哪一句话特别能表现出作者当时受到这种恶劣环境的威胁。

生：格格作响。

生：第2段，沙漠像大理石……像平原上的骑兵直冲过来。

师：一个"冲"说明风狂暴、猛烈，昼热夜冷。

生：鞭打。

生：第4段，"哆嗦，打嗝儿"，说明"我"缺水都快绝望了。

师：在这样的一个沙漠他怎么办的呢？他怎样跟沙漠抗争？他采取了哪些措施？

生：第7段，第8段，挖坑，喝乙醚、酒精，想麻醉自己的神经。

生：第11段，永别了。

师：在沙漠这样一个干渴、寒冷、狂风的环境中，你设想一下，假如是你置身其中，而且被困了三天三夜，你会有怎样的感受和心情？

生：绝望，痛苦。

生：自暴自弃。

生：站在原地等。

师：我们来看一下当时作者圣埃克苏佩里置身于这样一种环境的时候，

他的内心又是一种怎样的心情和感受。

幻灯片二：

细读课文，将文中表达"我"心情或感受的词句画一画、读一读、说一说。

师：同桌之间相互读自己找到的句子，看看谁读得更有感情，语气更强烈。

生：第18段，"我"没有遗憾，"我"奋斗过，但"我"失败了（乐观，已经尽力了）。

生：第14段，"我"期待。

第2段，"我"跑不动了。

第10段，"我"的大限。

第11段，永别了，"我"曾经爱过的人（引颈受戮）。

生：第9段，"我"感觉平静，一种超越了任何希望的平静（宁静）。

生："我"死得其所，死而无憾。

师：读第17、18段，感受这种死得其所、死而无憾。

生：第21段，"我们"应该继续走下去（乐观、勇敢、坚定）。

师：文中作者对自己说了很多话，这些话也能体现作者当时的心情。

生：一颗干枯的心（坚定、坚强、无怨无悔）。

生：第11段，"我们"以为自己可以笔直……谁就得死，比喻人与水的联系。

师：作者在沙漠中心，他的心里经历了一系列的变化，从最初的痛苦、绝望到慢慢地平静，以致最后对自己说了很多话，变得乐观、坚定，他在沙漠中心与心灵对话，那么我们来看，假如可以重新选择，作者还会选择这次飞行吗？文中有理由吗？

生：还会，第11段，"我"总算呼吸过海风了。

师：这就涉及一个人该怎样度过自己一生的问题。文中还提到芸芸众生，农人，斗牛士。你觉得这三类人的生活是怎样的？作者对这三类人的生活持怎样的态度？

幻灯片三：

"我"需要_____的生活

芸芸众生　农人　斗牛士

生：芸芸众生（碌碌无为，盲目，没有成就）；农人（充足）；斗牛士（危险）。

师：第19段，作者说"我"知道"我"想要什么，那就是生命怎么理解，有意义的生命。

师：读课后练习三：看看作者需要什么样的生活。

幻灯片四："我"需要＿＿人＿＿的生活

（1）"人的幸福不在于自由"。

（2）"唯有精神吹拂泥胎，才能创造出大写的人。"

师：在这位哲人看来，生活应该是怎样的呢？生活就是历经艰难险阻的锤炼，生活就是更高、更快的飞行，生活就是开辟一条条邮航，生活就是意识到我们的责任———为人类服务。正是怀着对生命的热爱和对事业的执着追求，当他在走出沙漠后，继续从事他所热爱的飞行事业，在二战期间，他在执行一次飞行任务时牺牲了，年仅44岁。"他用自己的热忱、忠诚和高尚的自我牺牲精神毫不动摇地经受了沙漠的严峻考验，甘愿每天拿自己的生命去冒风险"。

结束语：其实在我们的生活当中很少有机会踏入真正的沙漠，但生活的飞沙会时时向我们袭来，生命也会处于一种无助的沙漠之中，在那个时候请同学们记住今天我们在《沙漠中心》中所学到的圣埃克苏佩里说的那句话——我们要继续走下去，我们要坚定地走下去。

《桃花源记》阅读教学案例

邱光莉

一、案例背景

本文的作者陶渊明在愤而辞去彭泽县令的16年后，写成了他最有影响力的作品《桃花源记》。陶渊明完整传递出归隐田园16年间有关家园民生的深度思考。毕竟，在16年间"晨兴理荒秽，带月荷锄归"的田园生活中，陶渊明没有也不可能把自己完全等同于邻家老农。他要用这样的叙述性文字，向世人展示一幅他心目中的理想的社会生活画卷。

本文我打算通过引领学生深层解读文本，培养学生的探究能力和联系能力，从中获得审美情趣，提高文学鉴赏水平；让学生感受到实现中华民族伟大复兴的意义，提高民族自信心和自豪感，引导学生再见桃源，深入理解陶渊明文中想表达的主题意义，拓展到当今我国的社会意义和政治意义。

二、案例描述

（一）陶渊明的美政理想

学生回答后老师小结：

1. 自给自足的经济模式

桃花源中人在与世隔绝的数百年间，通过自己的辛勤劳作达到了自给自足，是"黄发垂髫，并怡然自乐"的心灵乐土。

2．自管自治的政治结构

无军队、无警察、无权贵、无等级尊卑。

3．友善互信的伦理框架

桃花源中人的友善与信任与渔人的自私和失信形成鲜明的对比。

4．和平安宁的价值诉求

宁可封闭，也不出去，珍惜此处的和平安宁。

（二）学习本篇课文的意义

学生回答后老师小结：

1．各朝名士均有寻找"精神乐土"的探求行为，比如：唐宪宗、刘禹锡和宋徽宗等。

2．以文章记录探寻的心路历程，比如：李白、王维、王安石和乾隆等。

（三）学习课文的现实意义

学生回答后老师小结：

1．世外桃源，代表着一种平等、和谐、安宁、自足的生存态势。班级秩序和气氛应与之吻合。

2．人人心中均有一片只属于自己的桃花源，可以提供无穷的慰藉。

3．桃花源的美好生活昭示一个真理：和平就有无限生机。人与人之间要和谐相处，内心充满平和淡定。

（四）文章主题与中华民族的伟大复兴、中国人民的"中国梦"的联系

学生回答："中国梦"是由国家梦、民族梦所组成，"中国梦"不仅是实现民族复兴之梦、强国之梦，更是实现人民幸福生活之梦，也是每个人心中的美好梦想。"中国梦"既是宏伟的国家梦，也是具体而微小的个人梦。

老师小结：

1. 中国梦是中国共产党召开第十八次全国代表大会以来，习近平总书记所提出的重要指导思想和重要执政理念，正式提出于2012年11月29日。习总书记把"中国梦"定义为"实现中华民族伟大复兴，就是中华民族近代以来最伟大梦想"，并且表示这个梦"一定能实现"。

2. "中国梦"的核心目标也可以概括为"两个一百年"的目标，也就是：到2021年中国共产党成立100周年和2049年中华人民共和国成立100周年时，逐步并最终顺利实现中华民族的伟大复兴，具体表现是国家富强、民族振兴、人民幸福，实现途径是走中国特色社会主义道路、坚持中国特色社会主义理论体系、弘扬民族精神、凝聚中国力量，实施手段是政治、经济、文化、社会、生态文明五位一体建设。

（五）作文赏析

老师先讲出赏析的要求：找出同学作文中的闪光点，找经典语句。

1. 小组合作，展示学生的作文《我心中的桃花源》中的精彩语句：

生1：祖国——我心中的桃花源，今天我们就在桃花源中幸福地生活；在党的领导下，我们的"绿水青山"就是"金山银山"。

生2：我心中的桃花源，是一个生物的"聚焦地"，呼吁保护动植物和环境。朦胧间，又好像听见银杏的风铃声，长鳍豚嬉戏的欢乐声。

生3：我心中的桃花源，是和平的世界，是无忧的，自由的。

生4：我心中的桃花源，是我和伙伴们小时候的一方乐土，是一种美好的回忆。感叹时光匆匆，美好太多，要一一珍惜。

生5：我心中的桃花源要求不高，那儿没有攀比、没有竞争，不用拼得你死我活，没有当今社会的勾心斗角。

生6：可以悠然自得地活着，身上没有现在孩子们的负担和责任，每天都可以做自己喜欢做的事，不像当今的父母剪掉了孩子们梦想的翅膀，却叫他们飞翔。这个桃花源拥有美好的山川美景，远离城市的喧嚣，来到人间的仙境，是鸟语花香的地方，有一尘不染的明净天空和清澈河水，等等。

2．互相品析作文。

3．选出佳作，课后贴在班级展示台。

三、总结全文

师：这节课，我们更加走近了陶渊明，更加深入了解了陶渊明，也知道了"桃花源"的现实意义。虽然陶渊明向往的理想社会还带有这样那样的局限性，但他对理想的追求，对黑暗现实的否定，还是值得肯定的。

师：岁月流逝，沧海桑田。多少年过去了，与东晋时代相比，如今的中国已经发生了天翻地覆的变化。毛泽东同志有这样的诗句："陶令不知何处去，桃花源里可耕田。"原来自认为遥不可及的愿望，经过百般付出和努力是可以实现的。同学们，让我们为建设自己心目中和谐的、理想的桃花源而努力吧！

四、课外拓展

欣赏一首学生写的现代诗《我的梦，中国梦》。

江的浪花摇落满天繁星，

点亮我们身后中国馆敞开的大门，

我们在流光溢彩的世博园内，

迎来开学第一课的开讲。

我的梦在长城生长，

这梦想的长城，

正在延伸祖先的荣光；

长城的脚下，

是五千年文明的土壤；

长城的天界，

是一个名叫未来的地方。

下一个百年，

我的梦，中国梦，花开何方？

来吧，同学们！

请打开心中最美丽的翅膀。

这一刻让我们一起飞向北京，

在那万里长城之上对话星空，

和世界一起分享。

今夜，当世博园的灯光，

相逢长城的目光，

我们要在这里，

集合起所有属于未来的梦想，

哪怕只是一颗稍纵即逝的流星，

也请关注它，

也许哪一天就能触发出，

新世界的曙光，

请未来登上长城吧，

一起收获，

中国少年永无止境的梦想！

少年智则中国智，

少年强则中国强！

我的梦是中国梦，

中国的梦是我们的梦。

五、教学反思

成功之处：通过拓展课的学习，学生普遍对陶渊明的内心诉求有了更多、更深的理解和感悟。学了本文，学生对《桃花源记》的作者意义和读者意义有了一定的感知，对其现实意义也有较多的认识，特别是当今中国伟大的"民族复兴"运动，"中国梦"名副其实成为这列"奋进号"的强大引擎。

文章主题与中华民族的伟大复兴、中国人民的"中国梦"紧紧联系；学生通过作文赏析充分展示自己对"中国梦"的理解和向往，能积极地展示自己对"中国梦"的描绘。大部分学生能充分参与其中，课堂氛围浓烈。

　　不足之处：由于文章内容历史久远，作者的思想深邃，课堂上想要完全呈现出文章的作者意义和读者意义有一定难度，学生要完全理解也有不小的困难。

第三章

阅读教学实践篇

"引经据典、畅游名著"观后感（一）

《浔阳楼题反诗》

时间：2020年9月3日　　主持人：邰姗姗　　姓名：刘桥　　小组：二组

1. 本次观看的故事名称：《浔阳楼题反诗》。

2. 本次观看的故事主要人物：宋江、戴宗、黄文炳、李逵等梁山好汉。

3. 本次观看的故事情节：宋江因心中郁闷，独自来到浔阳楼饮酒，醉后，在墙上题了一首反诗。随后官府得知，前来捉拿宋江。这件事情被与宋江情同手足的梁山好汉知道后，他们前来救宋江。

4. 观后感（不少于350字）。

观《浔阳楼题反诗》有感

《浔阳楼题反诗》的故事情节大致阐述如下：

话说，宋江被发配到江州，路上结识了李立、李俊、童威、童猛、穆弘、穆春、薛勇、张横等好汉，至江州又遇戴宗，得会李逵、张顺。之后，宋江酒醉在浔阳楼题反诗发狂言被判死罪。后来，得梁山众英雄好汉赴法场相救。之后，他们在白龙庙聚会后又同上梁山。再后来，梁山头领晁盖中箭死后，宋江被众人推为梁山泊主。

观看《浔阳楼题反诗》之后，我深有感触。

常听身边人说"兄弟姐妹情义深"，然而，在梁山好汉的身上，我看到了他们之间的兄弟情，就如同同胞兄弟一般，他们有福同享，有难同当。

观看《浔阳楼题反诗》之后，我深为宋江感到怜悯与不幸，身为正人君子，一心想报效祖国，却遭遇不幸，一时郁闷，大醉题诗，却遭黄文炳暗中陷害，让宋江再一次吃了官司。看到这些，我不由得联想到当时的黑暗社会。的确，那时世间混乱，黑暗势力无处不存在，良臣不得重用，奸佞却稳如泰山。他们仗势欺人，欺压百姓，让百姓不得安宁，百姓整天在混乱与惊恐中存活，当时的百姓是那么的不幸……

如今，我们生活在和平年代，我们是幸运又幸福的。然而，我们却整天埋怨自己的生活不如他人，责怪父母没能给我们良好的生活环境，抱怨父母不给我们提供好吃好穿的物质生活……

然而，我们却从来没有想过，我们今天拥有的幸福生活却是那么的来之不易……

——是父母，是父母起早贪黑，任劳任怨，辛勤劳动，用双手和汗水给我们挣来了这如蜜般的幸福生活。

——是父母，是父母为了我们，不知吃了多少苦，受了多少罪，费了多少心，操了多少心，才给我们创造出这快乐的幸福生活。

因此，从此以后，我要多想想旧社会百姓生活的艰辛和不易，他们整天生活在水深火热之中，而我们却生活在蜂蜜般的幸福生活中。想想，我们应该知足了，我们应该珍惜今天的幸福，努力学习，努力让自己拥有扎实、过硬的本领，等长大了，我们才能多为国家做贡献，多为百姓服务，多为父母尽孝，让父母老有所依，让他们的晚年生活也幸福快乐！

批阅学生观《浔阳楼题反诗》有感的反馈

2020年9月3日，我组织课题实验班的全体学生开展"引经据典、畅游名著"活动，本次活动我组织同学们观看的名著是《水浒传》中的《浔阳楼题反诗》。讲的是宋江被发配江州，路上结识李立、李俊、童威、童猛、穆弘、穆春、薛勇、张横等好汉，至江州遇戴宗，得会李逵、张顺，酒醉浔阳楼，题反诗发狂言被判死罪，得梁山众英雄法场相救，白龙庙聚会同上梁山，头领晁盖中箭死后，为众人推为梁山泊主。同学们都十分认真地观看，所写的观后感感受很深。下面我把这次活动小结如下：

在这次活动中，老师有三个步骤，提出要求并写在黑板上。

第一，把准备好的资料发放给同学们，并对本次活动做具体要求。

第二，学生先看问题，再观看视频，带着问题观看，效果会更好。

第三，观看完成后，同学们写出不少于350字的观后感。在这次活动中，学生观后感有很好的一面。

1. 大多数同学都能认真对待，十分认真地写出了故事名称、故事人物、故事情节、观后感。有的同学在写观后感时语言十分精炼简洁，这也是写作能力得到提高的集中表现，如杨把、杨政英、李娜等同学。

2. 在本次活动中，有的同学在完成故事情节这一个问题时，没有认真归纳，只写几个字，乱涂画，超格，如潘锦升、欧剑江、张东生、胡洪英等。

通过这次活动的开展，我的感触很深，我看到了同学们在不断地进步，在语言表达上、在对人物分析上、在对社会分析上都分析得透彻，文字表达方面大有进步。

邰姗姗

2020年9月3日

"引经据典、畅游名著"观后感（二）

《林冲误入白虎堂》

时间：2020年9月25日　　主持人：邰姗姗　　姓名：杨晓慧　　小组：二组

1．本次观看的故事名称：《林冲误入白虎堂》。

2．本次观看的故事主要人物：林冲、高太尉、陆谦。

3．本次观看的故事情节：高太尉假装说要看林冲的宝刀，让林冲带着宝刀给他看，结果却说林冲乱闯白虎堂，把他打入监狱。

4．观后感（不少于350字）。

观《林冲误入白虎堂》有感

《林冲误入白虎堂》的故事情节大致是这样的：

林冲的妻子张氏在去东岳庙上香时，被高太尉高俅之义子高衙内调戏，幸得使女锦儿告知林冲，林冲将其喝止，林冲妻子才幸免一难。但高衙内淫心不死，来一个调虎离山之计，让高俅的心腹虞候、林冲的好友陆谦骗林冲外出饮酒，使高衙内乘机对林冲妻子施暴。后来，幸亏林冲及时赶回，妻子才又幸免一难。

高衙内对林冲的妻子调戏不成就对林冲怀恨在心，因此，他就让干爹高太尉高俅为自己出气。于是，高太尉高俅便设计让林冲带宝刀误入白虎堂，陷害林冲，给林冲定一个乱闯白虎堂的罪，害得林冲被刺配沧州。从此，林冲就开始走上了一条不归之路。

看完这个故事之后，我感悟很深，颇为气愤，我不禁觉得坏人的心竟然如此丑恶至极，这就提醒我们不可相信坏人。正是林冲太过于相信陆谦，才导致自己中了他们的调虎离山之计，使得高衙内一而再，再而三地想调戏他的妻子。由此，我们中学生以后不要轻易相信陌生人，以免自己上当受骗。但当我们遇到需要帮助的人时，我们应该对他们伸出援助之手，帮助他们渡过难关，让他们感受到人与人之间的真情和友善。

批阅学生观《林冲误入白虎堂》有感的反馈

2020年9月25日，我组织实验班的全体学生开展"引经据典、畅游名著"活动，本次活动我组织同学们观看的名著是《水浒传》中的《林冲误入白虎堂》。故事情节为，一天林冲接到高俅的信，要他去白虎堂等，还要把一把宝刀带上，到了那高俅说林冲带刀闯入白虎堂，将他抓了起来，还收了他的刀。原来是林冲打了高衙内，得罪了高俅，高俅把林冲找来替高衙内报仇。同学们都十分认真地观看，所写的观后感感受很深。下面我把这次活动小结如下。

一、老师活动的步骤

（1）老师把准备好的资料发放给每位同学，让同学们带着问题观看影片。

（2）让同学们观看影片《林冲误入白虎堂》，要求他们边看边完成三个小问题，即本次观看的故事名称、本次观看的故事主要人物、本次观看的故事情节。

（3）在看完影片后，让学生当堂完成上面所提出的问题。

（4）让同学们写不少于350字的观后感。

（5）教师必须认真批改学生的观后感，并且写出反馈。

二、学生写观后感的情况

（1）在本次活动中，有的同学在语言表达方面取得很大的进步，既简洁又流畅，比如田凤、万涛等同学。

（2）在本次活动中，有的同学书写不太认真，字迹太潦草，超格，如张东生、欧剑江、刘文彬等同学。

（3）在这次活动中，有的同学对人物的分析十分透彻，感受较深，如杨晓慧、郇佳玲等同学，批判当时社会的黑暗，同情当时的百姓。

（4）在这次活动中，同学在写作技巧上取得了很大的进步，在文中能把描写、议论等表达方式巧妙地结合，很自然地表达了自己的感情，如万振和潘晓燕同学。

邰姗姗

2020年9月25日

"引经据典、畅游名著"观后感（三）

《高俅发迹》

时间：2021年3月9日　　主持人：邰姗姗　　姓名：田凤　　小组：四组

1. 本次观看的故事名称：《高俅发迹》。
2. 本次观看的故事主要人物：高俅、王进。
3. 本次观看的故事情节：高俅复仇，忘恩负义，舍弃兄弟。
4. 观后感（不少于350字）。

观《高俅发迹》有感

当我看完《高俅发迹》的故事时，竟对里面的精彩故事大吃一惊，我没想到，这里面的内容竟然如此丰富有趣，让人看了又想看。

故事讲述的是：高俅原名高毬，本是东京一个泼皮无赖、市井流氓，连他的父亲都容不得他，忍无可忍之下到官府告了他一状。结果，高俅被"断了二十脊杖，迭配出界发放"。后来，高俅到淮西投奔了一个开赌坊的闲汉柳世权。

有一次，高俅和他的一群兄弟在街上卖艺，有一个卖武之人把观众都吸引去了。他看不惯就和兄弟们上去打，把那人打得差不多死掉。恰巧，在旁边观看的王进实在看不下去了，就出手救了那位卖艺人，并把高俅等人打得落花流水。

　　后来，高俅就赖上了一个员外，吃住都在员外那里，员外老实，惹不起高俅，就把高俅养在府中。有一天，端王过生日，员外就派高俅去给端王送生日礼物。高俅赶到端王府时，正赶上端王踢球，他就站在边上看。这时，恰好球被踢到高俅这边，高俅就顺势将球接住，并以一个漂亮的姿势把球踢给端王。端王也是一个爱好踢球之人，他和高俅一见如故，就与高俅结为球友。从此，高俅就成了端王府的人，他顺便也就住到端王府里去了。不久，皇上驾崩，端王就继承了皇位，成了皇上，他自然不忘一见如故的球友高俅，就封高俅为太尉，让他掌管东京八十万禁军。从此，高俅就发迹了。

　　后来，高俅碰见王进，记恨以前被他打的事情，就把王进狠狠地打了一顿。此后，王进和母亲非常害怕，就借病带母亲逃离了东京，以免遭到高俅的报复和迫害。

　　这个故事告诉我们，不要轻易与人发生冲突，尤其是小人。也不要像高俅那样，仗着自己有权有势就随意欺压百姓，迫害他人。同时，我们应该要明白，人活着，就要活得有尊严，不能做社会的害虫和败类，应该多做善事，为百姓服务。

批阅学生观《高俅发迹》有感的反馈

　　2021年3月9日，我组织课题实验班的全体学生开展"引经据典、畅游名著"活动，本次活动我组织同学们观看的名著是《水浒传》中的《高俅发迹》。故事情节为，高俅原名高毬，本是东京一个泼皮无赖、市井流氓，连他的父亲都容不得他，忍无可忍之下到官府告了他一状，结果，高俅被"断了二十脊杖，迭配出界发放"。后来，高俅到淮西投奔了一个开赌坊的闲汉柳世权。同学们都十分认真地观看，所写的观后感感受很深。我把这次活动小结整理如下。

一、老师组织活动的步骤

（1）老师把准备好的资料发放给每位同学，让同学们带着问题观看影片。

（2）让同学们观看影片《高俅发迹》，要求他们边看边完成三个小问题，即本次观看的故事名称、本次观看的故事主要人物、本次观看的故事情节。

（3）在看完影片后，让学生当堂完成上面所提出的问题。

（4）让同学们写不少于350字的观后感。

（5）教师必须认真批改学生的观后感，并且写出反馈。

二、学生写观后感的情况

（1）在本次活动中，有的同学积极性非常高，而且写得蛮好的，既简洁又流畅，比如刘桥、张东生等同学。

（2）在本次活动中，有的同学书写不太认真，字迹太潦草，超格，如张小丽、杨秀英等同学。

（3）在这次活动中，有的同学对人物的分析十分透彻，感受较深，如刘秀艳、杨花等同学，批判当时社会的黑暗，同情当时的百姓。

（4）在这次活动中，有的同学文学功底很好，有的同学虽有感悟，但不会写，特别是在写作技巧上还得进一步加强。

邰姗姗

2021年3月9日

"引经据典、畅游名著"观后感（四）

《私放晁天王》

时间：2021年6月8日　　主持人：邰姗姗　　姓名：欧剑江　　小组：七组

1. 本次观看的故事名称：《私放晁天王》。

2. 本次观看的故事主要人物：宋江、晁盖、何涛。

3. 本次观看的故事情节：晁盖劫持财宝后，白胜却被何涛捉住了。然后，宋江飞马到东溪村告诉晁盖这件事，让他赶紧跑。

4. 观后感（不少于350字）。

观《私放晁天王》有感

今天，在看《水浒传》中的一小节故事——《私放晁天王》之后，我明白了，在《水浒传》中，在当时那种社会动荡的年代里，也存在着一些重情重义的人，例如，晁盖、宋江、鲁智深、林冲等。

这一小节讲述的是：宋江等人抢得金银珠宝之后到郓城休停。这天，宋江正在街上走，遇见王媒婆和阎婆惜。王媒婆说阎家三口靠女儿卖唱为生，阎公死后，无钱发丧。于是，宋江拿出十两银子送给阎婆惜为阎公买个棺材，余下的留做度日用。此时，何涛捉了白胜并搜出一包金银，府尹把白胜打得皮开肉绽，又诈说晁盖已经招了另外六人是谁。于是，白胜便招了。

宋江认识晁盖，当他看过公文之后，暗吃一惊。心想，结拜兄长晁盖犯下如此罪状，若被捉住，定会死路一条，得赶快想一个办法去通知晁盖，让他赶快逃跑，以免被捉。于是，宋江强作镇静，安顿好何涛等人之后，借口有事，便飞马到东溪村报信。

这个故事告诉了我：做事不能鲁莽，要三思而后行。还有，宋江是一个重情重义之人，对待朋友都是重情重义的，他的这种精神值得我学习。以后，我也要好好对待身边的朋友，如果他们有困难，需要帮助，只要我有能力帮助他们，我都会尽力而为。

批阅学生观《私放晁天王》有感的反馈

2021年6月8日，我组织课题实验班的全体学生开展"引经据典、畅游名著"活动，本次活动我组织同学们观看的名著是《水浒传》中的《私放晁天王》。这一集的故事情节为，晁盖七人劫了生辰纲，不料事情败露，官府派何观察前去捉捕。宋江当时任押司，得知此事后先把何观察稳住，借禀告知府之机快马赶到晁盖处告之此事。后又急忙赶回，劝知府晚上再去捉人以给晁盖等人撤退争取时间。当时正副都头朱仝、雷横都是宋江兄弟，也一直佩服晁盖的为人，朱仝故意摔了一跤拖慢了追捕的速度，使得晁盖得以安然脱身。同学们都十分认真地观看，所写的观后感感受很深。下面我把这次活动小结如下。

一、老师活动的步骤

（1）老师把准备好的资料发放给每位同学，让同学们带着问题观看影片。

（2）让同学们观看影片《私放晁天王》，要求他们边看边完成三个小问题，即本次观看的故事名称、本次观看的故事主要人物、本次观看的故事情节。

（3）在看完影片后，让学生当堂完成上面所提出的问题。

（4）让同学们写不少于350字的观后感。

（5）教师必须认真批改学生的观后感，并且写出反馈。

二、学生写观后感的情况

（1）大多数同学能对本集影片的主人公有很深的认识，分析人物形象很深刻，特别是万成明同学，把人物的性格分析得淋漓尽致。

（2）有的同学在语言表达方面取得很大的进步，既简洁又流畅，对社会看法有一定的层次，如胡洪英、吴水亮等同学。

（3）有的同学书写不太认真，字迹太潦草，超格，确实让人看了不顺眼，认来认去，不认识，特别是杨秀鹏同学。

（4）有一些同学，在故事情节这一道题中，乱写几字，根本不认真，没有把故事情节归纳出来，如田春凤、万木英、潘锦升等。

虽然在本次活动中还存在这样或那样的不足，但是对同学们的帮助是不可言喻的，所以我认为这次活动还是非常成功的。

邰姗姗

2021年6月8日

"引经据典、畅游名著"观后感（五）

《魂系涌金门》

时间：2021年10月12日　　主持人：邰姗姗　　姓名：田如雯　　小组：六组

1. 本次观看的故事名称：《魂系涌金门》。

2. 本次观看的故事主要人物：宋江、张顺、方腊。

3. 本次观看的故事情节：宋江攻打方腊之前在涌金门和谈，结果使者张顺被箭射死，战争也因此拉开了序幕。

4. 观后感（不少于350字）。

观《魂系涌金门》有感

通过观看《魂系涌金门》这一个故事之后，我发现，在这一集中，梁山好汉战死的最多，他们为朝廷攻打方腊，而朝廷却没有来安抚、慰问过他们，只是一味地要求他们尽快把方腊军铲除。

由于上一集故事中提过，宋江求和不能，不死心便派浪里白条张顺去把信送给方腊。张顺划船去城门前叫喊，没人应。于是，张顺就顺着城门往上爬，爬到一半时，城门上站满了人。城墙上的人二话不说，便拉起了弓箭朝张顺射去。张顺虽躲过了无数箭，但还是中了几箭。他跳下水里，因中了箭，血把水染红了，也因此暴露了他的行踪。敌军再用两根大型弓箭又朝水里射。等把张顺从水里拉到城门上，再用箭把他给活活地射死。后来，宋江等人找到张顺的尸体时，他满身都是箭。也因此，宋江才下令攻打城池。他们进入城门后，与敌军厮杀，王英夫妇也在与方腊弟弟的交战中牺牲。

《魂系涌金门》这一故事中，梁山人马折损过半，梁山好汉只剩半数，这一战，梁山损失惨重。

这个故事告诉我，对于不作为又无能的朝廷，不要一味愚忠，应该开创自己的路，走自己的道路，只为给百姓带来好的生活。同时，也向梁山好汉们学习那种为集体大义敢于献身的精神。

批阅学生观《魂系涌金门》有感的反馈

为了激发学生的观看兴趣，2021年10月12日，我选择水浒传中《魂系涌金门》的影片，影片是《水浒传》第41集剧情，主要讲述了梁山宋江、方腊私下议和之事，被蔡京、高俅得知，蔡、高面奏皇上，要拿宋江问罪，亏宿太尉金殿力劝，蔡、高阴谋才没得逞。宋江劝降无望，只得与方腊决战，张顺为替宋江送信给方腊被方腊之弟方貌射死于涌金门上。全军将士跪成一片在炮声中为张顺举哀。宋江为张顺拔箭。宋江拔一支箭便有一声炮响。于是宋江炮轰涌金门，方腊之弟方貌从城楼上跳下之后逃走。卢俊义率军从旱路攻城，被守城的庞万春用擂木滚石压下，时迁攻城，方腊军以磨盘石抛下，时迁终至毙命。花荣放箭射中庞万春，武松、燕青指挥军士用圆木撞开城门，庞氏兄妹被阮氏兄弟所杀，王英被方貌所杀，扈三娘被方貌的马蹄踩死，方貌也中刀惨死。杭州之战，宋江先胜，但梁山将领三十余人阵亡，城内一片狼藉。蔡京、高俅得知宋江攻陷杭州，恐怕宋江获得南征首功，特让童贯取代南征招讨张叔夜，并让童贯务必抢在宋江剿灭方腊前赶到南军营，宋江、吴用等人深知必须抢在童贯到来之前结束南征，为了通过乌龙岭，卢俊义带解氏兄弟上山探路，解珍及解宝在攀登绝壁时被方腊军击死。同时高俅又将张叔夜召回京城问罪。浪里白条张顺，真的是一个值得赞扬的水上英雄。跟随宋江上梁山，对宋江有情有义，多次救宋江于水深火热之中，对抗高俅等敌人，张顺机智勇敢，多次立下战功。宋江因张顺水上功夫了得，佩服张顺的豪爽仗义，最看重张顺。张顺与宋江、与梁山英雄情谊深重，被乱箭射死在涌金门之后，仍心系梁山的安危，显灵给哥哥，杀死方天定。也因为对梁山有恩，被留在水府龙宫做神！《水浒传》是我国四大名著之一，大部分学生对影片中的人物、故事有所了解，因此在观看影片时学生特别专注，思绪被主人翁的悲欢离合和精彩的故事情节所吸引。

从批阅学生的观后感中看到大部分学生都能围绕重点，引述材料。对原文都能进行简明扼要的概括，亦能有选择地介绍或总结其内容。更能联系实际，纵横拓展，所摆事实，所讲道理都能紧紧围绕基本观点，为基本观点服务。但是在写作过程中还有少数学生书写不端正，语句不通顺，错别字较多，字迹潦草，感悟的内容较少，今后应多强调学生的书写问题。

邰姗姗

2021年10月12日

"引经据典、畅游名著"观后感（六）

《李逵背母》

时间：2022年3月15日　　主持人：邰姗姗　　姓名：刘经理　　小组：七组

1. 本次观看的故事名称：《李逵背母》。

2. 本次观看的故事主要人物：李逵、杨雄、石秀。

3. 本次观看的故事情节：李逵从梁山回到家，打算把自己的母亲带到梁山享福。李逵背着母亲一路漫步，途中，他的母亲感到口渴。于是，李逵放下母亲在路边歇息，自己去找水给母亲喝。谁料，等李逵找到水回来后，却发现自己的母亲已死于老虎口中。

4. 观后感（不少于350字）。

观《李逵背母》有感

　　《李逵背母》的主要故事内容是：李逵回家背母，途中遇李鬼冒自己的名四处劫财。李逵不但没有杀李鬼，还给了他十两银子。李逵后来知道受骗了之后杀了李鬼，李鬼妻子乘机逃走。李逵回到家，见到老娘，发现老娘已双目失明。于是，李逵骗娘说自己做了官，接娘去享福。此时，哥哥李达回到家，揭穿李逵秘密，并去财主家要领人捉拿李逵。李逵便给他留下一锭大银子后，背娘走了。李达领人却不去追赶。李逵背娘至沂岭，娘口渴，给娘取水。等李逵取水回来后发现娘已被虎吃，李逵大怒便连杀子母四虎。后来，李逵被众猎户迎至曹太公庄上，被李鬼老婆认出，告知曹太公。于是，曹太公便设计把李逵给灌醉，并报告知府。后来，朱贵、朱富救得李逵性命，李逵便把曹太公、里正及李鬼老婆等人给杀了。

通过看《李逵背母》的故事之后，我发现，李逵尽管做事鲁莽，性子急躁，但他对自己的母亲却是如此之孝顺。尊老爱幼，孝敬父母，感恩父母是中华民族几千年以来的美德。因此，我们要孝敬父母，感恩父母，力争做到"老吾老以及人之老，幼吾幼以及人之幼"！

批阅学生观《李逵背母》有感的反馈

《李逵背母》主要的故事内容是：李逵回家接母，途中遇李鬼冒名自己打劫，未杀，给银十两。后知受骗，杀了李鬼，李鬼妻逃走。

回家见娘，娘双目失明，李逵骗娘说做了官，接娘享福。哥哥李达回家，揭穿李逵秘密，并去财主家要领人捉拿李逵。李逵给他留下一锭大银走了。李达领人亦不去赶。

背娘至沂岭，给娘取水，娘被虎吃，连杀子母四虎，被众猎户迎至曹太公庄上，被李鬼老婆认出，曹太公设计灌醉，报告知府。朱贵、朱富救得李逵性命，李逵杀了曹太公、里正及李鬼老婆。

在批阅时，发现了很多亮点：

1. 大部分同学的文章叙述详细具体，细节描写很生动，都能体会到李逵的孝心，都能从李逵身上看到自己的不足。

2. 大部分同学对人物的评价都很到位，有的觉得：李逵的性格里透着"直"和"真"的天性，我很欣赏他这种超凡脱俗的自由心态。虽然他也有些小毛病、小不足，但这正丰富了他的人物形象。有的觉得：我所认识的李逵，实实在在，不矫情，不造作，想说就说，想做就做，一直保持着生命的自由张力和绿林好汉的野性。

3. 学生的写作水平有了很大提高，也越来越会抓住中心来写观后感，对人物的分析和评价也到位。

有的同学对人物的描写和环境描写也把握得很好，文章也越写越长，越写越好。但在批阅时也发现了一些问题：

1．部分同学仅仅只是叙述故事情节，没有自己的观点，缺乏对人物形象的分析。

2．有个别同学基础有些差，抓不住文章的主要内容来写，只会简单地复述一下故事，还有个别学生不能把握主题，乱涂乱画的现象还存在。

邰姗姗

2022年3月15日

"引经据典、畅游名著"观后感（七）

《风雪山神庙》

时间：2022年6月7日　　主持人：邰姗姗　　姓名：张武龙　　小组：四组

1. 本次观看的故事名称：《风雪山神庙》。

2. 本次观看的故事主要人物：林冲、陆谦。

3. 本次观看的故事情节：陆谦放火把林冲的住处给烧了，不料却被林冲给发现了，林冲一气之下，便把陆谦给杀了。

4. 观后感（不少于350字）。

观《风雪山神庙》有感

《风雪山神庙》讲的是八十万禁军教头林冲刺配后，几经周折后被分到看守草料场的工作。因大雪压塌住处，无奈来到一个破旧的山神庙暂住一宿。正因此才凑巧听见门外陆谦、富安和差拨的谈话，得知自己已被陷害，而且差点被害死。恼怒中，林冲终于爆发，提枪戳死三人，并将陆谦剖腹剜心。可以说，正是这次事件，才使得林冲对官场仅存的美好愿景化为泡影，不得已只得投靠梁山。故事也反映了林冲逆来顺受，陆谦阴险狡诈出卖朋友的性格特点。

这个故事告诉我，人不能够像陆谦那样恩将仇报，求荣卖友，无恶不作，最终只能是自作孽、不可活，得到了应有的下场。同时，我们在交友时，应该擦亮双眼，不交损友，只交益友。此外，我们遇事要三思而后行，不急躁，要沉着冷静，方能把事情处理好。最后，我们对帮助过我们的人，要知恩图报，要做一个懂得知恩图报的人，还要做一个乐于帮助别人的人。

批阅学生观《风雪山神庙》有感的反馈

2022年6月7日下午第二节课，我组织课题实验班的学生观看了中国四大古典名著之一《水浒传》的第九章回《风雪山神庙》，讲的是八十万禁军教头林冲刺配后，几经周折后被分到看守草料场的工作。因大雪压塌住处，无奈来到一个破旧的山神庙暂住一宿。正因此才凑巧听见门外陆谦、富安和差拨的谈话，得知自己已被陷害，而且差点被害死。恼怒中，林冲终于爆发，提枪戳死三人，并将陆谦剖腹剜心。可以说，正是这次事件，才使得林冲对官场仅存的美好愿景化为泡影，不得已只得投靠梁山。故事反映了林冲逆来顺受，陆谦阴险狡诈出卖朋友的性格特点。

组织学生观看的目的就是激发学生阅读名著的兴趣，学会赏析，提高写作技巧。由于学生观看了《水浒传》前面的章节，对故事情节很感兴趣，在此次观看的过程中，学生都很认真，他们都被剧中鲜活的人物形象以及人物独特的个性特点所吸引，对故事情节掌握得比较详细。现把批阅学生《风雪山神庙》观后感发现的一些问题小结整理如下。

一、此次活动的亮点

（1）不但丰富了学生的课余生活，开阔了他们的眼界，增长了他们的知识，也在一定程度上提高了学生们学习语文的能力，提高了他们写作的水平。我觉得这样的活动很不错，希望下一个学期还能开展这样的活动。

（2）学生在阅读写作的活动中，能发表自己独特的见解，写作水平有了不同程度的提高，语言组织能力得到了增强，美词佳句频现。

二、不足之处

（1）仍有部分学生写作思路不够明晰，未能把握写观后感的方法。只叙述故事情节，没有写感悟，如万山龙、万世美、刘承英、万米季、刘平王等，要争取对这几位同学进行个别辅导。

（2）仍有少数同学观后感主题不够明确，详略安排不够恰当，把笔墨放在故事情节的叙述上，而没能针对剧情结合生活实际来谈自己的见解和感悟。

（3）个别学生观看不认真，没能把握好情节，赏析不了人物的性格特点。

总的来说，本学期在"先学后教，当堂训练"（实践）活动的开展和操作上，我们做了多种尝试。这样既给了我们老师一个实验的空间，也和学生们加深了思想上的联系，对老师而言，真的可以说是获益匪浅。我们也将带着本学期所积累的些许经验和收获，争取在下学期的经典阅读活动中取得更好的成绩。

邰姗姗

2022年6月7日

"引经据典、畅游名著"观后感（八）

《大破连环马》

时间：2020年9月18日 主持人：邱光莉 姓名：潘继苗 小组：二组

1. 本次观看的故事名称：《大破连环马》。

2. 本次观看的故事主要人物：高俅。

3. 本次观看的故事情节：高俅得到高廉被杀的消息，上奏朝廷，朝廷派呼延灼进攻梁山，梁山为连环马所败，后设法大破连环马。

4. 观后感（不少于350字）。

观《大破连环马》有感

《大破连环马》的故事情节为：高俅得到高廉被杀的消息，上奏朝廷，朝廷派呼延灼进攻梁山，梁山为连环马所败。汤隆知道钩镰枪可以破连环马，吴用派时迁和汤隆让一样会使钩镰枪的徐宁上山教众将和士兵们钩镰枪法，梁山终于大破连环马并杀得呼延灼全军覆没。

当我看完这个故事之后，我被故事里的精彩情节所吸引，被故事里人物的聪明才智所打动，被故事里英雄们团结合作的精神所感动。

譬如，故事里的吴用能识人才，善用人才，领导梁山的弟兄们把敌人打得个落花流水，落荒而逃，把败局转为胜局。吴用的领导才能确实让人折服，值得我们学习。

还有徐宁，明知山有虎，还偏向虎山行；明知上山会凶多吉少，却还义无反顾、决然地冒险跟随时迁和汤隆上山教众将和士兵们钩镰枪法。我想，当时，他可能只有一个想法，那就是为了兄弟们的安危，为了大局面，哪怕上山送死也在所不辞——这是何等的大义呀！难道，这种为集体牺牲自己利益的精神不值得我们学习吗？我想，答案是肯定的。后来，在他的耐心教导之下，兄弟们终于学会了钩镰枪法，最后大破连环马并杀得呼延灼全军覆没，这是集体的力量！

批阅学生观《大破连环马》有感的反馈

2020年9月18日，我组织课题实验班的全体学生开展"引经据典、畅游名著"活动，本次活动我组织同学们观看的名著是《水浒传》中的《大破连环马》。这一集的故事情节为：高俅得到高廉被杀的消息，上奏朝廷，朝廷派呼延灼进攻梁山，梁山为连环马所败。汤隆知道钩镰枪可以破连环马，吴用派时迁和汤隆让一样会使钩镰枪的徐宁上山，教众将和士兵们钩镰枪法。梁山终于大破连环马并杀得呼延灼全军覆没。同学们都十分认真地观看，所写的观后感也十分深刻。下面我对这次活动做一个小结：

我把这次活动分为三个部分，作出要求并写在黑板上。

第一，把准备好的资料发放给同学们，并对本次活动做具体要求。

第二，学生先看问题，再观看视频，带着问题来观看视频，会达到一种预想不到的良好效果。

第三，观看结束后，同学们写出不少于350字的观后感。此次活动同学们的完成情况有好有坏。

好的方面：大多数同学都能认真对待，十分认真地完成了故事名称、故事情节、观后感。有的同学在写观后感时语言十分精炼简洁，这也是写作能力得到提高的表现，如杨胜珍、刘欧耶等同学。

不足之处：对故事的主要人物了解不详细，这一个问题只有个别同学全做对了，大部分同学都是漏写、错写。还有个别同学字迹太过潦草，如刘永英、杨昌雄等同学。

通过这次活动的开展，我的感触很深，我看到了同学们在不断地进步，在语言表达上，在人物分析上，在社会现实分析上都有进步。今后，要让那些存在不足的同学能通过训练不断改进。

邱光莉

2020年9月18日

"引经据典、畅游名著"观后感（九）

《卢俊义上山》

时间：2021年9月8日　　主持人：邱光莉　　姓名：田洪桃　　小组：三组

1. 本次观看的故事名称：《卢俊义上山》。

2. 本次观看的故事主要人物：宋江、卢俊义、吴用。

3. 本次观看的故事情节：卢俊义被救上梁山。

4. 观后感（不少于350字）。

观《卢俊义上山》有感

　　《卢俊义上山》的故事情节为：吴用和李逵同往北京劝说卢俊义上山。一开始，吴用给卢俊义算卦，说百日之内，他会尸首异处。还说，他要去东南千里之外可避此难，并留四句歌给卢俊义。然后，卢俊义带着李固要赶往山东太安州避难、烧香观景。他中途经过梁山泊，被众好汉轮番相斗，逃至李俊船上，却被三阮、张顺等人翻船落水，后被救上梁山。后来，卢俊义上了梁山后还差点丧命，幸好宋江在关键时刻救了他一命。

　　看完这个故事之后，我不禁感慨万分，不是说，梁山好汉是为民除害，替天行道吗？可是，从这个故事中，我却认为，他们是为了自己的私欲和利益不惜迫害他人呢？譬如，他们为了请卢俊义上山，却差一点就把他给害了。这不由得让我对梁山好汉们有了另外一种看法。其实，我们每一个人都会犯错，但我们要懂得，在犯错之后，一定要及时反省，及时改正，才不会酿成大错。

同时，故事中还反映，梁山寨主晁盖由于冲动、大意被一支毒箭射中了眼睛，危在旦夕，还让梁山乱成一片。因此，从晁盖的身上我又知道了，人遇事不要冲动，应该要小心行事，才不会酿成大错。

总而言之，从故事中我知道了，读史能明智，读史能让人受益无穷。以后，我会继续多读经典名著，多向有智慧的古人学习。

批阅学生观《卢俊义上山》有感的反馈

2021年9月8日，我组织课题实验班的全体学生开展"引经据典、畅游名著"活动，本次活动我组织同学们观看的名著是《水浒传》中的《卢俊义上山》。这一集的故事情节为：吴用和李逵同往北京说卢俊义上山。吴用给卢俊义算卦，百日之内，尸首异处。说去东南千里之外可避此难，并留四句歌给卢。卢俊义带着李固要去山东太安州避难、烧香观景，中途经过梁山泊，被众好汉轮番相斗，逃至李俊船上，被三阮、张顺等翻船落水。

一、老师组织活动的步骤

（1）我把准备好的资料发放给每位学生，让同学们带着问题观看视频。

（2）同学们观看完视频《卢俊义上山》，要求他们边看边完成三个小问题，即本次观看的故事名称、本次观看的故事主要人物、本次观看的故事情节。

（3）让同学们写不少于350字的观后感。

（4）我认真批改学生的观后感，并且写出反馈。

二、我对学生回答问题及写观后感情况的小结

（1）在本次活动中，同学们观看积极性非常高，因此给出的三个问题大部分同学都能很好地完成。

（2）在本次活动中，有的同学书写不太认真，字迹太潦草，如杨成杰、刘秀江、张武江等同学。

（3）在这次活动中，有的同学对人物的分析十分透彻，感受较深，如万成明、万秀芳等同学，批判当时社会的黑暗，同情当时的百姓。

（4）在这次活动中，有的同学可能文学功底比较好，因此做得很好；但也有的同学接触不多，虽有感悟，但不够深刻，特别是在写作技巧上还得进一步加强。

邱光莉

2021年9月8日

"引经据典、畅游名著"观后感（十）

《血溅鸳鸯楼》

时间：2022年6月15日　　主持人：邱光莉　　姓名：许学万　　小组：五组

1．本次观看的故事名称：《血溅鸳鸯楼》。

2．本次观看的故事主要人物：武松、蒋门神。

3．本次观看的故事情节：武松遭到陷害，提刀到鸳鸯楼杀了蒋门神等人，后落发换服，远避他乡。

4．观后感（不少于350字）。

观《血溅鸳鸯楼》有感

《血溅鸳鸯楼》的故事情节为：武松替兄报仇后，被刺配孟州牢狱。武松受施恩情意，醉打蒋门神夺快活林以谢之。后遭张都监陷害，被刺配恩州。后知道自己受诬是蒋门神与张团练勾结张都监一手策划后，武松赶回孟州城到鸳鸯楼上。武松二话不说，举刀就砍。不多时，便将几个恶人变做刀下鬼。武松蘸血，在墙上写下"杀人者打虎武松也"八个字后出城，落发换服，远避他乡。

俗话说得好："知人知面不知心，害人之心不可有，防人之心不可无。"观看《血溅鸳鸯楼》的故事后，我深受启发，更懂得了这句话所蕴含的含义和道理，因为社会中有各种各样的人，如果不提防着那些害人的人，那么，吃亏的一定会是我们自己。

故事一开始时，那位大人和很多人对武松都很好，武松也把服侍他的下人当成亲妹妹一样看待。谁知，她却是蒋门神和那位大人派来陷害武松的。当武松被押到半路时，却有人在那里等候，他们想斩草除根杀了武松，幸好武松武艺高强才把那些人给杀了。于是，武松又跑去鸳鸯楼把蒋门神和那位大人一家全部都给杀了。

总之，这个故事告诉我们：害人之心不可有，防人之心不可无。

批阅学生观《血溅鸳鸯楼》有感的反馈

2022年6月15日，我组织课题实验班的全体学生开展"引经据典、畅游名著"活动，本次活动我组织同学们观看的名著是《水浒传》中的《血溅鸳鸯楼》。这一集的故事主要想告诉同学们的是：武松识破蒋门神等的奸计，血溅鸳鸯楼，表现了他敢作敢为，富于正义感和反抗精神，尽管也曾被人利用，但终究从残酷的现实中，从迷失的自我中醒悟过来，一步一步地克服自己的弱点，渐渐地走向成熟，然而也存在滥杀无辜的缺陷。同学们都十分认真地观看，所写的观后感也很深刻。下面是我对这次活动的小结。

一、活动步骤

（1）我把准备好的资料发放给每位同学，先引导同学们看了三个问题并且让同学们带着问题观看视频。

（2）要求他们边看边完成三个问题，即本次观看的故事名称、本次观看的故事主要人物、本次观看的故事情节。

（3）让同学们写不少于350字的观后感。

（4）我批改学生的观后感，并且写出反馈。

二、学生写观后感的情况

（1）在本次活动中，有的同学在语言表达方面取得很大的进步，既简洁又流畅，如李娜、刘权等同学。

（2）在本次活动中，有的同学书写不认真、字迹潦草、超格，如刘平玉、吴水英、刘锦生等同学。

（3）在这次活动中，有的同学对人物的分析十分透彻，感受较深。

（4）在这次活动中，同学在写作技巧上取得了很大的进步，在文中能把描写、议论等表达方式巧妙地结合，很自然地表达了自己的感情。

邱光莉

2022年6月15日

"引经据典、畅游名著"观后感（十一）

《大闹野猪林》

时间：2020年9月23日　　主持人：顾斌　　姓名：陈潜　　小组：四组

1. 本次观看的故事名称：《大闹野猪林》。

2. 本次观看的故事主要人物：鲁智深、林冲、董超、薛霸。

3. 本次观看的故事情节：林冲因得罪了高俅，被刺配沧州。路途中，差点被高衙内收买的解差董超、薛霸杀害，幸得料事如神的鲁智深解救。后来，鲁智深一直护送林冲到达沧州。

4. 观后感（不少于350字）。

观《大闹野猪林》有感

《大闹野猪林》的故事情节大致为：鲁智深与林冲结为好友，太尉高俅之子高衙内为霸占林冲的妻子陷害林冲，林冲被刺配沧州。高衙内买通解差董超、薛霸，让他们在途中加害林冲。至野猪林，见四面无人，解差正欲谋害林冲时，被暗地跟踪而来的鲁智深所解救，林冲才得以脱险。之后，鲁智深一直护送林冲到达沧州。

看完这个故事之后，我觉得高太尉高俅和他的义子高衙内真是仗势欺人，他们无恶不作，欺压百姓，让百姓生活在水深火热之中，苦不堪言，令人憎恨。

还有解差董超和薛霸，他们贪生怕死，贪图小便宜，为眼前的一丝小小的利益就甘当别人的帮凶，视他人的性命如贱草，想谋害他人的性命，也同样令人憎恨。

唯有与林冲结为好友、解救好友于水火之中的鲁智深才是真正值得我们钦佩和学习的人。鲁智深为人仗义疏财，慷慨大方，见义勇为，嫉恶如仇，扶危济困，爱憎分明。他性情豪爽直率，粗犷刚烈，勇而有谋，胆大心细；他为朋友两肋插刀，打抱不平，重情重义，值得我们学习。今后，我也要向他学习见义勇为的精神。

批阅学生观《大闹野猪林》有感的反馈

为了激发学生阅读名著的兴趣，让他们领略和汲取名著的精华，借助阅读名著来提升学生的写作水平和鉴赏能力，学校课题组决定在第三阶段开展"引经据典、畅游名著"活动，根据课题组安排，2020年9月23日下午第二节课，我组织课题实验班的学生观看了中国四大古典名著之一《水浒传》中的第七章《大闹野猪林》，由于课题组的其他老师组织学生观看了《水浒传》前面的章节，给学生留下了悬念，学生都很感兴趣，在观看的过程中，学生都很认真，他们都被剧中鲜活的人物形象以及人物独特的个性特点所吸引。对故事情节及人物形象了如指掌。通过批阅学生的观后感，发现此次活动有成功，但也存在一些不足。现简要小结于后，以便以后开展活动能取长补短、循序渐进，达到预期目的。

一、此次活动的闪光点

（1）学生阅读、观看名著名剧的兴趣越来越浓，剧中鲜活的人物形象及人物独特的性格特点让学生津津乐道。

（2）学生变得开朗活泼，学生兴趣提高了。

（3）学生的写作水平有了不同程度的提高，语言组织能力得到了增强，美词佳句频现。

二、不足之处

（1）部分学生写作思路不够明晰，未能把握写观后感的方法。只叙述故事情节，没有写感悟，如万山龙、万世美、刘承英、万米季、刘平王等同学。

（2）主题不够明确，详略安排不够恰当。大多数学生把笔墨放在故事情节的叙述上，而没能针对剧情与结合生活实际来谈自己的见解和感悟。

（3）个别学生观看不认真，没能抓住主要人物，如刘权在归纳剧中主要人物中居然没有鲁智深。

（4）少数学生语文功底还较差，标点符号不会用，错别字频频出现，用词不当等。如好几个学生把"押解"的"押"写成了"压"，章节的标题在文中出现居然不会用书名号，把"差役"写成了"工人"。

虽然从这次活动中反映出学生在赏析名著、名剧时还存在不足之处，未能很好地分析剧中的人物形象及性格特点，未能结合生活实际谈自己的体会和感悟。但是，通过这些活动的开展，激发了学生课外阅读的兴趣，提高了学生的写作水平，为引领学校成为绿色书香校园打下了基础。

顾斌

2020年9月23日

"引经据典、畅游名著"观后感（十二）

《智取生辰纲》

时间：2021年9月16日　　主持人：顾斌　　姓名：杨小燕　　小组：五组

1. 本次观看的故事名称：《智取生辰纲》。
2. 本次观看的故事主要人物：杨志、吴用和他的兄弟。
3. 本次观看的故事情节：七兄弟运用自己的聪明拿到了生辰纲。
4. 观后感（不少于350字）。

观《智取生辰纲》有感

什么叫智取呢？所谓的智取，就是用自己的智慧去取得。试想，如果没有老总管的百般刁难，或许，杨志真的会把生辰纲押运到东京的。可杨志自己也忘了最关键的一点，那就是人心都是肉长的。在大热天，人赶那么久的路，怎么不累呢？你不让人家休息一下，人家怎么会买你的账呢？生辰纲怎么不会丢失呢？

在看完这一个故事之后，我也感觉到百感交集了。我觉得杨志就不应该听老总管的话，不然的话，生辰纲也不会被劫走了。而我又有点恨七兄弟，因为如果没有七兄弟的话，杨志也不可能失去生辰纲，四处逃亡了。而七兄弟，为了自己的私欲，竟然不顾他人的死活，劫取生辰纲，他们的做法和手段确实有点残忍和不义。

然而，尽管如此，在《水浒传中》中，却有很多人让我敬佩。如鲁智深的豪爽，因为他看不惯镇关西欺压百姓，就挺身而出为他人打抱不平，为朋友两肋插刀，这股豪情值得钦佩。还有吴用，智慧过人，巧设计谋，轻松智取生辰纲，他的这份足智多谋也令我钦佩。

总之，通过观看《智取生辰纲》，我深深感到，人不应该像杨志那样麻痹大意，掉以轻心，更不应该不懂得设身处地多为他人着想。反之，杨志就不会痛失生辰纲了，而他的人生之路可能就会被改写了，他的人生可能又会是另一番景象了。

批阅学生观《智取生辰纲》有感的反馈

2021年9月16日，我组织课题实验班的全体学生开展"引经据典、畅游名著"活动，本次活动我组织同学们观看的名著是《水浒传》中的《智取生辰纲》。这一集的故事情节为：北宋末年，大名府留守梁中书为讨好权臣蔡京，刮取民脂作生辰纲献京。三都捕快何涛受委任护送生辰纲顺利通过配州，杨志负责押送。刘唐饱受贪官迫害，遂联同晁盖、吴用、阮氏兄弟、白胜等人智劫梁中书向京贺寿的生辰纲。杨志在押运途中，步步为营，但终为晁盖等人所算，于黄坭岗被迷倒，尽失生辰纲。黄坭岗为何涛所管辖，何涛被责失职，惨遭刺青之刑并被判监，幸得其属下求情得免入狱。何涛奉命追查，白胜将所分获之生辰纲财物带回家时为何涛之弟何清所见，何清告密于其兄。何涛将白胜擒获，在严刑逼供下，晁胜供出晁盖等人。何涛率领雷、朱二人及一众官差往晁盖家捉拿晁盖等人，余众获宋江通报，乘夜渡江上梁山。同学们都十分认真地观看，所写的观后感感受很深。下面我把这次活动小结如下。

在这次活动中，老师有三个步骤，作出要求并写在黑板上。

第一，把准备好的资料发放给同学们，并对本次活动做具体要求。

第二，学生先看问题，再观看视频，带着问题而观看，将会有进步。

第三，观看结束后，同学们写出不少于350字的观后感。

在这次活动中，学生观后感有很好的一面。

（1）大多数同学都能认真对待，十分认真地完成了故事名称、故事人物、故事情节、观后感。有的同学在写观后感时语言十分精炼简洁，这也是写作能力得到提高的集中表现，如杨把、杨楠等同学。

（2）在本次活动中，有的同学在完成故事情节这一个问题时，没有认真归纳，只写几个字，如万胜美、刘思发、罗成、万米季等同学，还有同学胡乱涂画，超格，如刘平王、刘权、龙雪花等同学。

这次活动的开展，使我感触很深，我看到了同学们在不断地进步，在语言表达上，在人物分析上有进步，比前次要好得多，优点越来越多，不足越来越少。

顾斌

2021年9月16日

"引经据典、畅游名著"观后感（十三）

《发配江州》

时间：2022年6月13日　　主持人：顾斌　　姓名：潘梅花　　小组：六组

1. 本次观看的故事名称：《发配江州》。

2. 本次观看的故事主要人物：宋江、李逵、张顺。

3. 本次观看的故事情节：宋江被发配江州后，在那里又结识了两位英雄好汉。

4. 观后感（不少于350字）。

观《发配江州》有感

观看了《发配江州》这一集后，我有了许多感悟。

宋江因为孝顺，被抓时，宁愿留下来等待发落。因宋江以前的所作所为和投案自首，那位大人决定把宋江从轻发落，把他发配到江州。后来，因吴用等人的帮助，他不仅免了一百杀威棍，而且在那里还做了一个小官，并结识了李逵和张顺等人。从中可以看出，宋江因爱好结交英雄好汉，并且也很重情义，才有好汉来和他做兄弟。

李逵好赌，生性鲁莽，是个急性子的人。所以，惹出了很多事，才被张顺拖到河里淹了个半死。俗话说，不打不相识啊，两人打了一场，李逵才知道对方是"浪里百条"张顺。后来，宋江等人一起喝酒庆祝。

李逵是一个心急之人，和鲁智深一样鲁莽。而宋江不贪财，他只要有钱就去帮助贫困的人，而且也很重情义。

总之，观看了《发配江州》之后，我被宋江那股重情重义的豪情所倾服，被李逵那爱着急又讲情义的性情所感染，被张顺那股有仇必报的性情所震撼……

以后，我会向他们学习助人为乐的精神，尽自己最大的力量去帮助需要帮助的人。

批阅学生观《发配江州》有感的反馈

2022年6月13日，我组织课题实验班的全体学生开展"引经据典、畅游名著"活动，本次活动我组织同学们观看的名著是《水浒传》中的《发配江州》。这一集的故事情节为：宋江自幼与同在郓城县东溪村人称"托塔天王"的晁盖相熟，互为好友，"生辰纲"事发后，宋江出于义气私传讯息，使晁盖等人脱险。晁盖等人上梁山后，为报宋江救命之恩，派刘唐携礼物夜走郓城县答谢，宋江推辞不成留下书信和黄金两条，不料是夜被私通张文远的外室阎婆惜发现并以此要挟，宋江怒而杀惜，逃回家隐藏且得好友朱全私放，赴柴进庄避难并与武松相识结为兄弟，后走清风寨投靠花荣，并于清风山结识燕顺、王英、郑天寿等人。观灯遭刘向之妻陷害，与花荣大闹清风寨，收得秦明、黄信等人后同上梁山，于对影山劝收吕方、郭盛两位少年将军，路遇石勇得家书回家奔丧被擒发配江州。同学们都十分认真地观看，所写的观后感感受很深。下面我把这次活动小结如下。

一、老师组织活动的步骤

（1）老师把准备好的资料发放给每位同学，让同学们带着问题观看影片。

（2）让同学们观看影片《发配江州》，要求他们边看边完成三个小问题，即本次观看的故事名称、本次观看的故事主要人物、本次观看的故事情节。

（3）在看完影片后，让学生当堂完成上面所提出的问题。

（4）让同学们写不少于350字的观后感。

（5）教师必须认真批改学生的观后感，并且写出反馈。

二、学生写观后感想的情况

（1）在本次活动中，有的同学积极性非常高，有的写得蛮好，既简洁又流畅。比如万成明、杨政英、万秀芳等同学。

（2）在本次活动中，有的同学书写不太认真，字太潦草，超格，如张武江、刘锦生、刘彭发、刘永英等同学。

（3）在这次活动中，有的同学对人物的分析十分透彻，感受较深，如杨楠、万秀芳、杨政英、杨雨梅等同学，批判当时社会的黑暗，同情当时的百姓。

顾斌

2022年6月13日

"走进美文、当堂感悟"读后感（一）

《像竹子一样生长》

时间：2020年9月23日　主持人：邰姗姗　姓名：雷思思　小组：一组

1. 文章的主题是什么：以物喻人，赞颂了默默为人类做贡献、不怕苦不怕累、一心为人民群众服务的无私精神。

2. 为什么人要立志：因为只有确定了方向，才有前进的动力，才有奋斗的意志。

3. 读后感（不少于350字）。

读《像竹子一样生长》有感

读了《像竹子一样生长》之后，我有了深深的领悟，不禁敞开心扉，去寻找真正的自己。

社会生活中，值得我们学习的人有很多，那些谦虚好学、默默为人类做贡献、关爱社会弱者的人都值得我们去学习。他们的行为是伟岸的，他们的精神是闪亮的，他们的事迹是令人感动的。他们心中充满爱，愿意与他人共同分享，他们是人类学习的榜样，是组成美好家园的领导先锋者，是带领人类走向美好明天的真正英雄。作为青少年的我们，请擦亮自己的双眼，用心去感受世界，用行动去创造美好的明天吧！人生在世，就应该多做一些快乐的事，多做一些对百姓有益的事，多勉励自己去做一名对社会有益的公民。

总而言之，让我们行动起来吧！去寻找真正的自己，去探索人类良知的源泉，去感知世间美好的一切，去歌颂那五千年来高尚的品质，去做一个为人间、为社会、为百姓有益而又无私奉献的人吧！

批阅读《像竹子一样生长》有感的反馈

2020年9月23日，我选取了《像竹子一样生长》一文，组织课题实验班的学生再次进行美文赏析。现就此次组织学生进行美文赏析的实践活动做一下小结。

为了让学生在阅读这篇美文后能懂得母爱的伟大并懂得去感恩与孝敬父母，我设置了两个问题：一是把握文章的主题是什么；二是为什么人要立志。要求学生在认真阅读美文后问答这两个问题，并写出读后感，45分钟内完成。在批阅了学生的答题和读后感后，发现学生在此次活动中的成功与不足。

（1）大部分学生在完成主题上都做得很好，而且特别突出，如刘小明、张八军、吴水亮、万涛等同学。

（2）在为什么人要立志的问题上，大部分学生都回答了不同的意见，大多数的答案蛮好的，而且结合现实。

（3）能把读与感联系紧密，语言虽然不华丽，却极为准确生动，情感丰富而真实，读来津津有味。

（4）少数学生对美文的赏析不够深刻，不能结合生活实际来理解为什么要像竹子一样生长，如周玉、万木英等同学。

（5）少数同学还没掌握读后感的写作要领，格式不对，如胡洪英、张小丽等（之后要作个别辅导）。

（6）有几个同学的读后感比上次进步多了，同时在下节课后进行表扬，如欧剑江、张八军等同学。

总之，对语文的学习，重在多读多感悟，并把感悟用文字表达出来，能表达出来就是成功的关键，很多学生在课题实验中都得到了不同程度的进步。

邰姗姗

2020年9月23日

"走进美文、当堂感悟"读后感（二）

《感谢遗憾》

时间：2021年9月21日　　主持人：邰姗姗　　姓名：万涛　　小组：五组

1. 文章的主题是什么：人的一生中有无数次的遗憾，但是，我们要学会正确去看待。

2. 如何理解"遗憾"：我觉得遗憾就是我们成长中所错过的一些事情或东西。

3. 读后感（不少于350字）。

读《感谢遗憾》有感

在生活中，我相信有很多的人都会为某些事、某些人感到遗憾。遗憾，因为不完美而让我们记住它。今天我读了《感谢遗憾》之后，才知道遗憾会让我们不断地成长，遗憾会让我们的生活变得多姿多彩，遗憾会让我们懂得如何去奋斗、如何去珍惜。

当我们遗憾的时候，不要去抱怨，我们应该用正确的态度去面对，把麻烦的事情变成简单的事情。当我们失去一件东西时，不要去抱怨，应该往别处去想。因为遗憾会让我们懂得很多的道理。所以，我们应该感谢遗憾。得失得失，有得就会有失，这都是我们成长中会遇到的。

然而，遗憾也是一种动力，它鼓励我们努力奋斗，带着曾经的遗憾去奋斗。所以，我们要感谢遗憾，它让我们学会了如何去珍惜、去奋斗。

感谢遗憾，让我们懂得了如何去奋斗、如何去珍惜！

感谢遗憾，让我们的生活变得多姿多彩而又充满乐趣！

感谢遗憾，让我们的人生旅途变得更加精彩而又充满活力！

感谢遗憾，让我们在今后的人生道路上越挫越勇，勇往直前！

批阅读《感谢遗憾》有感的反馈

我于2021年9月21日组织学生读了《感谢遗憾》这篇美文，这篇文章告诉了我们人生是一个遗憾的过程，正因为有了无数个遗憾，我们的人生才变得如此精彩、如此美丽。稍不经意的一次回眸，满眼往事中最令人难忘和记忆犹新的注定是曾经有过的些许遗憾。每一个遗憾带给我们的都是凝重的思索，每一个遗憾留给我们的总是流年的感动。重要的是不要因为一次遗憾，而忘却了我们仍要风雨兼程的旅行。

在这次活动中，老师有三个步骤，作出要求并写在黑板上。

第一，把准备好的资料发放给同学们，并对本次活动做具体要求。

第二，让学生自由阅读美文，当堂完成两个小题。

第三，同学们写出不少于350字的读后感。在这次活动中，批阅学生读后感好的一面。

（1）大多数同学都能认真对待，十分认真地完成了老师提出的两个小问题，完成质量较好。有些同学所写的读后感语言十分精炼简洁，这也是写作能力得到提高的集中表现，如万秀芳、杨政英等同学。

（2）在本次活动中，有个别同学不认真对待，所写的读后感内容过于简单，同时乱涂乱画、超格等，如刘平王、张进保等同学。

（3）在本次活动中，有个别学生连文章的两道题都不做，说明没有认真读内容。他就是雷星耶，已经与其谈话了。

通过这次活动的开展，我的感触很深，我看到了同学们在不断地进步，比前两次要好得多，所看到的优点越来越多，不足越来越少，大部分学生懂得了如何面对遗憾、感谢遗憾，未来的日子才不会有太多的遗憾。带着遗憾远行，人生旅途会更加精彩！

邰姗姗

2021年9月21日

"走进美文、当堂感悟"读后感（三）

《为梦想而努力的人最漂亮》

时间：2022年6月10日　主持人：邰姗姗　姓名：张江江　小组：七组

1. 文章的主题是什么：我们要有自己的梦想，并为梦想拼搏、奋斗。这样，我们的生命会更加有意义。

2. 如何正确理解"漂亮"：一个人，为实现自己的梦想，不顾一切，时刻为梦想而努力拼搏向上，唯有这样，才会使我们的心灵得到力量，才会使我们的生活变得更加有意义。

3. 读后感（不少于350字）。

读《为梦想而努力的人最漂亮》有感

读了这篇文章，我懂得了人生因奋斗而精彩，因为梦想而努力的人最漂亮。

从前，我不懂得自己的喜好是什么，梦想是什么，也不懂得努力学习是为了什么？整天只知道生活在无忧无虑的世界里，直到步入了初中校门，我才领悟到，人就得为自己的人生负责，为自己的梦想拼搏。于是，我沉思了许久，终于找到了自己的喜好与梦想，并开始为其努力奋斗。同时，我时刻都在提醒自己，无论什么时候，都不要忘记，要为自己的人生而努力拼搏奋斗。

今天，看了这篇文章，更让我确定当初的选择，我将更加努力地去学习，时刻保持愉快的心情，为自己鼓劲、加油、呐喊，去实现自己的远大抱负。

因为有了不断进取的拼搏精神，我的生活多了一份光彩和艳丽。现在，我的每一天都过得很充实。我相信，有了自己那股坚持不懈、持之以恒、努力拼搏奋斗的决心和冲劲，梦想离现实的距离就将不远了。同时，我很荣幸，也为自己感到自豪，我将会更加坚定不移去努力拼搏奋斗，争取早日实现自己的梦想！

批阅读《为梦想而努力的人最漂亮》有感的反馈

我于2022年6月10日组织学生读了《为梦想而努力的人最漂亮》这篇美文，这篇文章讲述了女保姆利用假期时间在所在城市的各个角落拍照，拍照数量达15万张的故事，对同学们有很大的激励作用。

在这次活动中，同学们非常认真地读了这篇文章，下面我把这次活动小结如下。

一、活动的步骤

（1）老师把准备好的资料发放给同学们，并对本次活动做具体要求。

（2）让学生自由阅读美文，再经过小组讨论，当堂完成两个小题。

（3）最后让同学们写出不少于350字的读后感。

二、活动的亮点

（1）在本次活动中，大多数同学都能认真对待，十分认真地完成了老师提出的两个小问题，同学们讨论激烈，完成质量较好。

（2）在活动中，有些同学所写的读后感语言十分精炼简洁，这也是写作能力得到提高的集中表现。

（3）杨把同学文章中的语言较好，让人读起来有一种美好的感觉。李培芬同学在文章中引用精典句子，以表现文章的中心。

三、活动的不足

（1）有个别同学不认真对待，所写的读后感内容过于简单，同时书写乱、超格等，如张小丽、杨秀英等同学。

（2）有个别学生，连文章的主题都不做，说明没有认真读内容，如杨昌雄同学。

这次活动的开展，使我的感触很深，我看到了同学们在不断地进步，在活动中所看到的优点越来越多，不足越来越少，这难道不是一种成功吗？这就是为梦想而努力的人最漂亮，体现了这次阅读美文的主题。

邰姗姗

2022年6月10日

"走进美文、当堂感悟"读后感（四）

《你的努力够不够》

时间：2021年6月24日　　主持人：邱光莉　　姓名：龙飞飞　　小组：三组

1. 文章的主题是什么：讲述罗永浩通过自己的努力，最后进入新东方工作。

2. 如何评价罗永浩：罗永浩是努力的人，他是个不擅长与别人交流的人，但他肯努力、肯坚持，是一个有毅力的人。

3. 读后感（不少于350字）。

读《你的努力够不够》有感

在人生的旅途中，想要实现自己的梦想就必须努力。当然，梦想也不完全是努力了就能实现。这里面还有许多的因素，如坚持等，但是，重在你付出的努力够多吗？

罗永浩的英语很好，但是他没有足够的勇气，所以才一事无成。后来，在室友的鼓励下，他终于敢去面试了，并在付出努力后，终于被新东方俞敏洪校长录用了，摆脱了他以前只能用早出晚归来躲避房东催租的生活。最后，他的梦想实现了。他之前之所以只能早出晚归来躲避房东催租，原因是他付出的努力还不够，每次遇到困难想都没想就选择放弃，自然就不战而败。而他之所以顺利地通过俞敏洪校长的面试，原因主要是室友的话对他产生了刺激，让他有了动力。

读了这篇美文我懂得了：人不要轻易地说不可能，你没努力过，你又怎么知道不可能呢，关键还是在于你付出的努力足够吗？

批阅读《你的努力够不够》有感的反馈

我于2021年6月24日组织学生读了《你的努力够不够》这篇美文，这篇文章讲述了10年前，罗永浩还只是个居无定所的北漂。可是，却因一份漂亮的简历，他敲开了新东方的大门，成了人人羡慕的英语老师。说起这一切来，不要说别人不相信，就连罗永浩自己当时都觉得在做梦。

在这次活动中，首先，把准备好的资料发放给同学们，并对本次活动做具体要求。

其次，让学生自由阅读美文，再经过小组讨论，当堂完成两个小题。

最后，让同学们写出不少于350字的读后感。

在本次活动中，大多数同学都能认真对待，十分认真地完成了老师提出的两个小问题，同学们讨论激烈，完成质量较好。有些同学所写的读后感语言十分精炼简洁，这也是写作能力得到提高的集中表现。

在本次活动中，有个别同学不认真对待，所写的读后感内容过于简单，同时书写乱、超格等，如刘兵、刘永英等同学。

在本次活动中，有个别学生连文章的主题都不做，说明没有认真读内容，如杨成杰同学等。

这次活动的开展，使我的感触很深，我看到了同学们在不断地进步，比前两次要好得多，所看到的优点越来越多，不足越来越少，这就说明他们的努力还是够的，这样就会有进步。

邱光莉

2021年6月24日

"走进美文，当堂感悟"读后感（五）

《励志不是说说而已》

时间：2020年12月23日　　主持人：邰姗姗　　姓名：田思思　　小组：三组

1. 文章的主题是什么：我们要勇于踏出第一步，以实际行动去实现自己的梦想，不能光说不做。

2. 为什么人要立志：给自己定目标，为自己鼓励。

3. 读后感（不少于350字）。

读《励志不是说说而已》有感

读了这篇文章，我很清楚地认识到，人活着，就要活得有价值、有意义。

现在的生活条件越来越好了，然而，很多人却不珍惜现在的美好时光，他们没有奋斗目标，没有生活的方向。为此，我不断地反省自己，不断地问自己，有没有如此。在不断自我反省之后，我懂得了，人活着，就要活得有价值、有意义。同时，我们应该时刻为梦想奋斗，积极向上，遇到困难不要退缩，不要伤心落泪。要知道，失败是成功之母，要学会人在哪儿跌倒就要在哪儿站起来，为我们的梦想站起来！我相信，我们不断进取和拼搏之后，一定会有所收获的。不是吗？一分耕耘，一分收获嘛！

人们常说，理想，是指路灯，没有理想，就没有方向；没有方向，就没有生活。是啊，一个人，没有了理想，就没有了奋斗目标，没有了奋斗目标，我们就会变成碌碌无为之人。我们当代中学生，绝不能甘愿只做一个碌碌无为之人，而应该做一个对社会、对国家、对人民有用的人。

让我们为梦想踏出第一步吧！让我们用实际行动去实现自己的梦想，为自己鼓励、加油、喝彩，给自己一个展现自我的机会，去创造一片属于自己的天空吧！

批阅学生读《励志不是说说而已》有感的反馈

我于2020年12月23日组织学生读了《励志不是说说而已》这篇美文，这篇文章告诉我们，努力不一定会成功，但是不努力只会距离成功越来越远。努力也许不能改变结果，但是在努力的过程中就已经让人改变了很多，收获了很多，这才是努力的意义。如果我一直停留在原地，那么我能看到的也就只有视线范围内单调的景色。如果我能向前走几步，再多走几步，那么我就能看到更多不同的风景，找到继续前进的乐趣，带着这份乐趣迎接所有的挑战。

在这次活动中，老师有三个步骤，作出要求并写在黑板上。

第一，把准备好的资料发放给同学们，并对本次活动做具体要求。

第二，让学生自由阅读美文，当堂完成两个小题。

第三，同学们写出不少于350字的读后感。

在这次活动中，批阅学生读后感好的一面。

（1）大多数同学都能认真对待，十分认真地完成了老师提出的两个小问题，完成质量较好。有些同学所写的读后感语言十分精炼简洁，这也是写作能力得到提高的集中表现，如吴小英、杨政英和雷闷里等同学。

（2）在本次活动中，有个别同学不认真对待，所写的读后感内容过于简单，同时书写乱、超格等，如万阳、欧阳发等同学。

（3）在本次活动中，有个别学生，连文章的两道题都不做，说明没有认真读内容，他就是杨永英同学。

通过这次活动的开展，我的感触很深，我看到了同学们在不断地进步，比前两次要好得多，所看到的优点越来越多，不足越来越少，大部分学生懂得了励志的涵义，决心制订一个励志计划，将励志进行到底。

邰姗姗

2020年12月23日

第四章

阅读教学作文篇

相见相识，相识相惜

吴芳蓉

朋友不是永恒的，或许只是生命中的一个过客；但是，却能让你一眼万年。

——题记

"第一次见面看你不太顺眼，谁知道后来关系那么密切。我们一个像夏天，一个像秋天，却总能把冬天变成了春天⋯⋯"这是属于青春的歌，也是属于朋友的歌。在人生道路上，有朋友，有了朋友的爱，有了对朋友的爱，是一件多么兴奋的事情啊。朋友是常常想起，是把情意挂在心里；是把关怀含在嘴里；是把关注放在眼里。朋友是陪伴你走过一段又一段的历程，携手共度一个又一个黄昏。

也许，朋友本不该有那么重要，可是，朋友又的确那么重要。这一生中，我们可以没有成功，可以不要收获，却不能没有朋友。每个人都有朋友，每个人都渴望有朋友。青春的时光有青春的欢歌，青春期的我们大声诉说美丽的梦想，分享年少的忧愁和喜悦，放肆地哭泣，疯狂地大笑，很简单，这就是朋友。朋友没有虚伪，朋友之间没有利益，朋友的感情没有一丝复杂，朋友相濡以沫的情谊是任何东西都交换不了的。

友情，相见相识，相识相惜。

其实友谊就是那么简单，可能就是因为心中有共同的想法，才有了俞伯牙与樵夫钟子期的高山流水遇知音。在纷纷扰扰、真真假假的尘世中遇到和自己有相同之处又能好好在一起的人不多，要相见相识，相识相惜。年轻的我们有迷惘、彷徨，朋友会引领你的方向；当我们自怨自艾、玩世不恭，朋友会用年轻的口吻劝你改过；当我们哀叹命运不公、现实残酷，朋友会劝勉我们学会振作，然后一起努力。有那么一天我们蓦然回首，风风雨雨依然，坎坎坷坷依旧，太阳依旧朝起暮落，滚滚长江依然，逝者如斯夫，我们的友谊日复一日，未曾减过。

相见相识，相识相惜。

天下何曾有过不散的宴席？

是的，终有分离的那一天，我深知天下没有不散的宴席。如今将毕业的我们，青春将近散场，我们也将近分离。但有的时候短暂的分离是为了更好的团聚。既然缘分让我们相见相识，从相识到相惜，就不会让我们断了这份情。一起经历太多坎坷；一起满怀豪情地淋雨；一起忘我地放声高歌；一起苦苦追求当初突发奇想的爱好……一起做的太多太多。当独自伫立在窗前，岁月的风铃摇响着这段回忆，我们就会想起对方，我们就能忆起往事，忆起这段青春，无知而疯狂。因为有你，我人生的道路上才不会孤寂，青春的朋友，青春的伴侣。我想把朋友比作樱花，在樱花盛开的日子，美丽虽短促，当我们还为那记忆中没有飘尽的樱花伤神时，美丽已经擦肩而过。可那一瞬间的美丽永远印在我心里，只要轻轻触动，记忆就来了。

朋友——相见相识，相识相惜。

趁还来得及，好好地爱您

杨鑫

"树欲静而风不止，子欲养而亲不待"，趁还来得及，要感恩和珍惜。

出生后随着父母迁徙，错过了多少和您的朝夕。生活不易，细思年华幸有您。小时候画在手上的时钟不会走，却悄悄偷走了光阴。岁月的荏苒缩影在您的皱纹里，满头银发刻下岁月的年轮。但我还是感恩，年过八旬的您还算健康，牙掉了但依旧伶俐风趣。

三年前，爷爷走了，您搬过来和我们一起居住，您不会说汉语，只说苗语，我年幼时就随父母外出，失去了母语环境，只会说汉话。您说不能忘了老祖宗的话，耐心地一字一句教我，像是在教咿呀学语的小孩，往往您今天教的事情，我第二天就会忘得一干二净，而您却只是对我笑笑，又重新教我，没有怨言。您会在我空闲的时候让我教您识字，您像个孩子一般用渴望的眼神望着我，竖起耳朵听我这小老师的课。

爸妈为生计奔波，很少有时间待在家，更没有时间照顾我的生活。都是您悄悄地帮我洗净衣物，帮我整理衣橱，缝补衣物。一年前，我和朋友爬山不小心扭到脚，又不敢告诉爸爸妈妈。回到家您发现我走路怪怪的，一把抓住我掀开我的裤腿，才发现肿了一大块。我看见您心疼不已，慌忙去给我拿药，然后给我揉脚。还有一次我在外面玩，有只虫子飞进我的眼睛，我很害怕，跑回家用水冲洗，可怎么也冲不掉，我惊慌得快哭了。您急忙跑过来俯下身子用手撑开我的眼皮，然后用舌尖舔去我眼睛里的虫子，然后告诉我："以后还有虫子就来找奶奶，不要用水冲了，会坏眼睛的。"

听完我就哭了。您总是无微不至，倾尽所有，我却总是嫌您这样那样的唠叨，甚至大发雷霆。不久前还因为这个跟您大吵一架，您躲在房间里久久不出来，我猜您一定是在哭。

去年元宵节的时候，全家人围在一起吃团圆饭，我因为犯事遭到父亲的教训，您在一旁劝说父亲，并用身子挡在我面前。后来，父亲说了一句："棍棒底下出孝子"，于是您拿起鸡毛掸子往父亲身上就是一棒，说道："你打你儿子，我打我儿子，你们都不要劝我。"就这样全家人都笑了。事后您悄悄地拉我去房里动之以情晓之以理，让我意识到自己犯了错误，但您让我免了一顿毒打，还保护了我的自尊心。

您的爱就像一杯老酒，喝的越多就越觉得清醇。愿岁月温柔待您，带着感恩珍惜天伦。

《爱的教育》读后感

万涛

　　这个星期我读了意大利作家亚米契斯的一本书《爱的教育》。这本书通过对生活朴素的描写，使我感受到人类多么需要相互关心，相互理解，相互帮助！我认为这种关心、理解和帮助，都离不开一个最根本的东西——爱！

　　给我印象最深的是一封父亲的信《要学会爱人》，主要内容是讲：安利柯的父亲看见安利柯走路时不小心撞了一个妇人，连对不起也没说就走了，感到非常生气，并告诉他今后应该怎样尊敬别人，培养好的品德。说实话，其实我有时也和安利柯差不多，每当有家长陪同时我都很有礼貌，但当家长不在时我就变懒了，见到谁就当没看见，头一低就过去了，连句话都懒得说。

　　记得有一次，在上学的路上，碰见我家对门的阿姨，我连理也没理，低着头就往前走，装作没看见，也不知人家是怎么想的，是不是从此把我看成一个坏孩子呢？总之，我这样是非常不礼貌的。

　　还有一次，也是在上学的路上，当我走到马路口时刚刚变红灯了，我便停了下来，这时一位年过六旬的老奶奶因没看见红灯，继续往前走，眼看对面的车就要过来了，本来这时应该赶紧把老奶奶拉回来，可我还在犹豫，到底去还是不去呢？正当我犹豫不决时，我身旁的一位阿姨连忙把老奶奶拉回来，并对她说："红灯了，先不能过。"之后，又把那位老奶奶送过了马路。看到这些，我非常后悔，后悔我当时犹豫什么。我发现我的爱心突然间全都飞走了。我对自己说，以后可千万不能再这样了。

　　一个人要培养好的品德，必须从小事做起。小事不注意，将来就成不了大事。

　　今后，我要学会关爱他人。如果看见有小孩摔倒了，就连忙扶起来；看见有人遇到困难，要及时帮助；包括给老人让座、给盲人引路、见穷人施舍、见伤员施救，这些都是文明的表现，都是爱的表现。我真希望全世界的人都充满爱心！

父爱无边，母爱无涯

杨琴

父母的爱是一条河，回响着辽远悠长的思念的歌声，看不见，道不完，一直在我们的梦中游荡……

——题记

爸爸，妈妈——世间最感人、最动听的呼唤，没有什么乐音，没有什么诗歌，能比这一声更动人。

我们的亲人，总能在我们的周围用呵护、温暖、牵挂织成一张网，让我们从小到大，由幼到老，从不担心无家可归，更不用忧虑，累了倦了自己承担。如果生活、前程、未来是一个完美数字10000，那么亲人无疑就是1。

血液里的生命

我来到世上，从出生那一天起就把无尽的牵挂与愁苦带给了她，母亲的生命从此成为一支被我点燃的蜡烛，没有停止过燃烧和流泪。

有人这样评价母爱：爱情可以枯萎，生存可以一波三折，而母爱却永无衰竭之虑。有人这样践行父爱：财富可以舍弃，事业可以暂搁，而子女的成长永远不能忽视。

回想一下自己的成长历程，我们不难发现，当我们年幼的时候，我们愿意和爸爸、妈妈玩，但当我们长大成人，我们就离开了父母，只有我们需要一些东西或者遇到麻烦时，才会回到他们身边。然而，不论怎样，父母总是支持我们，竭力给我们每一样能让我们健康、快乐的东西。

思·母恩

冰心老人曾说过："世上若没有女人，这世上至少失去十分之五的真，十分之六的善，十分之七的美。"是的，这世界就是因为有了女人，有了母亲，有了母爱，才如此亮丽灿烂、多姿多彩。

母爱是人类情感、世界的一个奇迹，她并非只源自血缘，还源自人内心深处的真与善，心灵相通，爱亦相同。古今中外，无论贫富、贵贱、美丑，所有的母亲都有惊人的相似之处，那就是母爱的纯厚、质朴、温柔和无私。母爱，是一曲不尽的乐章，贯穿在人类历史的长河里，让人感动、令人慨叹、使人荡气回肠……

天底下每个母亲都是神圣的化身，她们的心中除了孩子，还是孩子，除了默默奉献，还是默默奉献。"谁言寸草心，报得三春晖"。母亲日夜不断地为子女操劳、奔波，为的并不是图个回报，而是希望自己的子女长大成才，拥有幸福美满的生活。

朋友，珍惜这份爱吧，让我们也为母亲送去关怀，送去呵护，让我们用一生感恩这一份浓浓的亲情。

念·父爱

有人说，父爱，伟岸如青山，圣洁如冰雪，温暖如骄阳，宽广如江海！有人说，父爱如山，坚强、伟岸、温馨而又含蓄，亲切又遥远；苍翠、挺拔、慈祥而又率直，温情而又隽永；坦荡、坚韧、深远而宽广，真挚而又厚重!

　　大多数的中国父亲都一样，他们爱子心切，但他们不善于把这份爱表达出来，只会默默地为儿女做着一切；他们认为爱不需要溢于言表，只要有爱，儿女自然能感受得到。但是，对于年轻的儿女们来说，因为生长时代的不同，因为年龄和经历的原因，他们可能需要很长时间才能意识到。但父亲却总是在用他那宽广豁达的爱包容我们，默默无闻，总是事事以儿女为先，处处为儿女着想。

　　生活中有许多这样的父亲，在风雨的侵蚀中日渐苍老，在爱的失落中日渐落寞。作为一个男人，父亲用他的肩膀肩负起妻儿所有的重托，生活的重荷不允许他们倒下，只能为一个千金重的"爱"字奋斗、拼搏。在我们成长的同时，父亲也在逐渐苍老。我们延续了父亲的生命，却残酷地挥霍了他的青春。

　　认认真真、仔仔细细地为父亲着想一下吧，像父亲爱你一样无微不至地去关怀父亲，让辛劳了一生的父亲不再落寞，不再辛酸。

　　父母不会一直等着你。

　　父母就像一本书，有些人读了大半辈子也没有真正读懂。儿时怕父母，因为那是一个严父出孝子的年代，对待淘气的孩子，打打骂骂是家常便饭，不溺爱孩子更是父母们教育孩子的硬道理；学生时代恨父母，总觉得自己生活在水深火热的牢笼中，个性得不到张扬，一切听从父母安排，没有半点自由，恨不得早日脱离苦海；青年时代瞧不起父母，觉得父母无知，碍手碍脚，能耐不如自己大，观念不如自己新，看事不如自己准，经验不比自己多；中年时代，蓦然回首，才发现父母有很多地方不仅是对的，而且是高明的，对父母崇敬的感觉渐渐产生，但和父母共处的日子也在一天天减少。

　　相信每个孩子都曾在心底向父母许下"孝"的宏愿，相信来日方长，相信水到渠成，相信自己必有功成名就、衣锦还乡的那一天，可以从容尽孝。可惜人们忘了，忘了时间的残酷，忘了人生的短暂，忘了世上有永远无法报答的恩情，忘了生命本身有不堪一击的脆弱，忘了人生没有很多的下一次，很多的遗憾，就是等"下一次"造成的。岁月不饶人，父母不会一直在那里等你。

　　父母重病在床，无论你有多大理由，都不能置之不理或找借口等下一次。因为父母不会一直等你。台湾第三十七届十大杰出青年，一家专门生产消防器材的大公司的厂长赖东进在海峡两岸的十大杰出青年座谈会上曾讲过他的故事：他的父亲是个瞎子，母亲也是个瞎子且弱智，除了他和姐姐，几个弟妹也都是瞎子，他住的是乱葬岗里的墓穴，过的是乞讨的生活。但他没有埋怨过，而是细心地照顾双亲，因为他知道，父母不会一直在那里等着你。

　　我们只知一味地从父母身上索取有用的，却不懂得回报父母，只知悠然地、理所当然地向父母索取，直到父母一无所有方才罢休。

　　这样的索取该结束了吧！别忘了父母支持着你走过荆棘和曲折，引着你走向成功。永远赶在你面前为你遮风挡雨的是父母，是父母不厌其烦地呵护你，爱护你。

　　爱那个可以毫不犹豫赤脚为你开门的人吧！

　　爱那个可以无怨无悔为你无私奉献的人吧！

路上有灯

刘秀艳

人生好比漫漫长路，在这路程中，有平坦、崎岖、十字路口。可是，不断地经过路中障碍后，你会找到属于你的灯。

每一个人都会有属于自己的灯，但能否找寻到则是取决于你对路中的情况采取怎样的行为与持有怎样的态度。

我也有一盏灯，并且它正伫立在前方路上璀璨，绽放绚烂的光芒迎接我的到达。可是，我明白并不是那么容易到达。前行中可能因为一时迷惘而不知为何前行；可能因为一次挫折而一蹶不振；可能因为一时得意而驻足沉浸其中；也可能因为身心疲惫而不再继续坚持。如果你没有坚定的信念，没有顽强意志，没有禁住诱惑，更没有坚持下去的勇气，那你将不会见到最美的灯。

太阳高挂于空，高傲地扬着下巴，散发耀眼光芒。这使正在上体育课的我们一个个小脸如苹果般红得诱人，忽然，一滴汗划落颊边。本来对体育课不感兴趣的我，加之这无情的炎热，心情同阴天般消沉。隐隐约约间听到老师说要跑十圈，霎时间，顿时觉得晴天霹雳、五雷轰顶。老师说完开始跑时，感觉心中有团火被点燃，双脚躁动着。"嗖"地一声，一阵风刮过。

渐渐地，自己呼吸时而急促时而缓慢，汗犹如滴滴泪珠划过脸颊，履步蹒跚。好想停下，便能躺下休息。可是，我仿佛看见前方不远处伫立着一盏灯。那光，是如此迷人，如此耀眼。我看着那儿，脚正一步一步地挪动，汗正在一滴一滴地落。

一步再一步，终于我站在灯前，灯照亮着我，那一刻，我是笑着的。笑得如同灯一样绚丽。

如果你从起跑线出发，在途中因自己无法忍耐和坚持便停下来，虽然那一刻你获得了放松，但你却无法体会到终点线时的滋味！

挫折不是为了让你跌倒，而是让你在跌倒后勇敢地站起来，用跌倒后得到的经验使挫折无力回击。况且，人生如长路，一次挫折可以让你为下一次挫折做好准备，为下一次挫折顽强奋斗，为下一次挫折不懈坚持，更为下一次挫折可以斩获成功。

现在的小困难、小挫折比不上将来的大挫折。但是，我会将现在的小困难、小挫折逐个击破，让自己不断坚强，足够面对将来的挫折。当自己遇到时，在倒下后不会投降，只会义无反顾地抗衡。

路很长，灯在前方，梦中甜笑，原来我觅到了属于我的灯。

那个背影

韩榆

黑黑的天空低垂，亮亮的繁星相随，虫儿飞，你在思念谁？你在思念谁！

——题记

我至今也无法描述她的面容，初次的见面着实让我吓了一跳。

她很老，双鬓已泛白。没人知道她多少岁，更没人知道她是谁？住哪？她如枯叶，一入冬就被大雪覆盖。

带着好奇心走近她。她佝偻的背脊似"铁链"，"铁链"紧紧地包裹着她的骨架，零乱的头发疏散地披在肩上，与身上破黑花布融为一体。

她总是很准时拿着两个麻袋出现在学校外的垃圾站。每次中午去倒垃圾时都可以看见她。在夏天，垃圾池总是"十里飘香"，常常使我们避而远之，可是她长久伫立在那里。只见她熟练地将"宝贝"装入麻袋，毒辣的太阳将她包裹在其中，她身上的臭汗与垃圾的臭味融为一体，这让有洁癖的我产生了厌恶之情。

唉，又遇见她了。她背对着我孤寂地走着，她总佝偻地走着，边走边停，停下来翻找着垃圾，原以为她会将垃圾扔到一边只捡有用的东西，可她却将所有垃圾全装入袋后放回垃圾池。这就是她拿两个袋子的原因。

她的家人呢？朝她望去，我才明白，她唯一的"伴侣"只有苍蝇。因为唯有苍蝇才会喜欢她"十年不洗"的鸡窝头、喜欢她的臭汗、喜欢她指甲缝里的污垢。

同往常一样，我将垃圾倒入垃圾池。她又习惯性翻找着我倒的垃圾，她将我倒出的瓶子捡起，费力地拧开盖子。她大口大口地吸吮着。"咳咳咳……"液体从口中喷出。她喝得如此艰难，那瘦小的身板在眼前若隐若现。

渐渐地，我躲避她。有一次，我在学校外吃小吃路过那，随手一扔，垃圾被风带到别处。我懒得去捡，就逃之夭夭。"你怎么能乱丢垃圾呢？"她用沙哑的声音问道，似乎很久没和别人说话，因为她是如此胆怯，像自言自语。我停下脚步，准备将功补过，她却已经将垃圾捡起。她步履蹒跚地走着，每走一步都休息一会。我只能望着她孤单、凄凉的背影再一次挪进垃圾堆。

寒风吹着，雪花点点装扮着世界。我再也没能见到她。我始终记不起她的面容，唯独记得她佝偻、凄凉的背影。

觅书

田凤

每个人都有一本属于自己的书，而我每天都沉浸在书的世界里，只为寻觅到那本命中注定的书。

书是抚慰心灵的疗伤药，在你最伤最痛的时候，让你暂时忘却；书是陶冶情操的曲调，可演奏出独一无二的弦鸣；书是渴望成长的催化剂，让你看见到世界的是非曲直。书，它浸润了每个人的夜空。

夜，深沉中蕴藏着博大，冷漠中暗含岁月的朦胧。书，在夜空中化作一片流星雨，划出了星空的绚丽。

书无处不在，世界的每一个角落，宇宙的每一个分子都是书，都属于某一个人，是人类心底的小精灵。

万古千秋，无数风流人物寻到了属于自己的"书"，才造就了一方威名，流芳百世。秦国因商鞅变法，终扫六合，称霸中原；汉中王刘备寻得诸葛孔明，从而三足鼎立；唐太宗李世民寻得房玄龄，遂有玄武神变，贞观之治……书改变了世界，改变了人生。

路上，无限艰难险阻，无尽迷茫彷徨。书，点亮了夜的归路，望见了黎明。

我心里的那本书，指引着我，走进她的怀抱，散发着淡绿色墨香，渲染了整个秋季的悲凉，融化了整个寒冬的苍雪。归期里，有各色的书与我相遇，但都不属于我……坚持的信念，执着的追求，用无数岁月换来的是她与我的对眸，不屈的信念，煮沸了整片书海。

迎着朝阳，踏步余辉，看着海外遥远的终点，等跨越时空了无音讯，迷途的人需指引时，书，微微抬额呼唤，迫不及待去追寻，去守候。

当我乘风探海，伴月升平时，书与我互相依偎。月明月又缺，花香花终谢，只有记忆中的她，记忆中的书，仍旧存在，存在于遥远，沉静到深处。

寻找一本属于自己的书，也是寻找属于自己的人生，自己的命运。

没有到最后，你永远猜不出故事的结局——细细寻觅，结局终将落定。

我心里的那本书，充斥着萧瑟，凄凉。为书，我曾"昨夜西风凋碧树，独上高楼，望尽天涯路"；为书，我也曾"衣带渐宽终不悔，为伊消得人憔悴"；为书，我还曾"众里寻她千百度"，可"蓦然回首，那人却在灯火阑珊处"。书，值得我一生追恋，是我生命的永恒。

人生就是一本厚重的史书，真实地记录着自己探寻的足迹，人生如书，书载人生。悟道：路漫漫其修远矣，吾将上下而求索……

难忘初三

潘秋兰

风，轻擦过我的肩；叶，飘落过我的脸；时光，飞划过我的脚步。初三，我们不再那么稚气。

初三，教室里充满了紧张的气氛。瞧，课桌上堆满了像小山坡一样高的书；地面上，零碎的垃圾静静地躺着；黑板上，有轻擦过的粉笔余灰。听，老师在讲台上滔滔不绝的讲课声，同学们在埋头哗哗的写字声，时间滴滴答答的流逝声。这一切的一切，全都覆盖在焦虑的心跳旋律中。

初三，忙碌而又充实。当同学们手里捧着一张张试卷的时候，当在焦头烂额地思考问题的时候，当老师的眼里充满期望的时候，我明白了时间是如此宝贵。或许，正是在这仓促的时光之中，我们才更加懂得珍惜。

初三，我们变得成熟稳重。记得刚进入初中的时候，我们就像一群冒失的孩子一样，一个个互相望着对方，陌生的面孔会感到不安。可如今的我们，却已建立了深深的友情。教室里，处处书声朗朗，歌声飞扬。寝室里，处处充满温暖。微弱的灯光下，我们挤在一起，刻苦地温习功课。微凉的夜风中，我们打着鼻鼾甜甜地进入了梦乡。就是在这个小小的房间里，装载了无限的温情，照亮了我的心灵。

初三，更让我们感觉到了时间的飞逝。我们不再那么悠闲，因为等待我们的只有竞争。我们不再那么孤独，因为我们共同携手，一起努力。我们不再那么稚嫩，因为我们已经长大了。

初三，虽然是非常忙碌的，但是我们学到了很多，其实初三的生活是非常美好的。

初三，我们即将挥手告别初中生涯。当踏出校园的那一刻，请不要忘了回头看一看这里曾经发生的一切。这里，有我们曾经挥洒过的汗水。这里，有我们曾经奋斗过的痕迹。这里，处处都留下了我们的身影。也许，泪水会洒满脸颊，心里总会有不舍。但请不要忘了，我们要去更大的地方、更远的路上去追求我们的梦想。

初三，将要过去了。等到下一个夏天的时候，叮铃铃，上课铃声响了，教室里依然坐满了人，可惜不再是我们。

别了，我的初三。我要收拾好所有的酸甜苦辣和老师的祝福，整装待发，去追寻梦想，去乘风破浪……

青春终将散场

雷安军

"长亭外，古道边，芳草碧连天；晚风拂柳笛声残，夕阳山外山。天之涯，地之角，知交半零落；一杯浊酒尽余欢，今宵别梦寒"。

陌路的偶遇，让我们并肩前行，三年时光悄悄过去，分别即在眼前，浓烈的不舍与忧伤飘满整间教室。我们为了梦想而奋斗不息，不断地前行，错失了沿路的风景，终于站在群山之巅，"一览众山小"。

青春昂扬，迎风起航。人生的每一次经历都是人生的每一个驿站，走走停停，最后只有回忆寄托着思念，偶尔从记忆深处涌出，荡起心灵的一丝涟漪。青春终将散场，我们要在终点相聚，那是我们共同的约定……

往昔三年，我们在校园挥洒的青春汗水，稚嫩的欢语，在分别的前一刻——重现……

还记得初一那年，我和你初次相识，那时腼腆的你沉默寡言，作为你的同桌，一向怯与人交往的我，假装阳光开朗去与你交往，竟获得了你的真心，成为你真正的朋友，从此我们无话不谈。后来啊！说起此事，你我皆仰天大笑。

你细心，你勤劳，你喜欢帮助每一个需要帮助的人，我便是得到过你帮助的人之一。"桃花潭水深千尺，不及汪伦赠我情"，记得初二的秋末，寒风刺骨，乌云遮住骄阳，天空伤心落泪。我没有带伞，看着窗外的倾盆大雨，一阵惆怅，你问了我原因后递给了我一把碧蓝的雨伞，说你多带了一把，正好可以帮助我，我也欣然接受了。下午放学时，我因老师叫我去找学习资料而耽误了回家的时间，回到教室发现你仍还在，问你原因，你说是作业没写完，我只好先行回家，半途中，我忘了拿东西而折返，在岔口中，竟意外见到身形瘦弱的你冒着大雨奔跑着回家。原来你只带了一把伞……

如今，我们即将分别，以后的征途中，是否还会记得我们的青春岁月？如今，我们即将踏上自己的征程，那份纯真的友谊是否不散？青春终将散场，那份记忆却永远存在于记忆深处；青春终将散场，那份真挚的友谊不散；青春终将散场，不要说祝福，不要说再见，最好的是沉默——把梦留给夜，把泪留给海，把希望留给未来。

青春终将散场，暂时别离，我们踏上各自的征程，历经磨难后，我们在终点相聚，对酒当歌，回味青春的滋味。

探乡

杨涛

"明月几时有？把酒问青天"，远在他乡，每次通话都因为母亲的一句"学习要紧"弄得"三过家门而不入"。

或许是因为那片土地散发着诱人的花草香气；或许是因为那小河流淌着自由的气息，大山守护着一草一木；或许是因为那儿生我养我育我，是伴着我一起成长的地方。更因为那儿美，那儿神秘，那儿使人心旷神怡。所以这个暑假我一定要回去，可又不能明说，只能背着母亲回去探望故乡。

其实我也害怕独自回去路途会有些乏味，也为了路上有个照应，于是我邀请了和我玩得最好的青竹。青竹是我初中三年来最好的朋友，我们在一起几乎无话不说、无事不谈，他说起话来非常有趣，经常能引起大家的欢笑声，我也因为与他趣味相投，玩到了一块。这次和我一起去，对他来说，正好可以当作是一次旅游，体验一下我家乡的风情。和他家人说明情况后，他的父母欣然同意了。收拾好东西，向着黔东南，进发！

车上，为了解闷。他大谈自己小时侯和父母去的风景区。说那个什么河居然是温的，冬天的时候去有大片大片的水蒸气从河里冒出来，自己不明白，就去问父母为什么河上会有大片的雾，难道雾的家就在这？逗得导游和其他旅客都哈哈大笑。又说什么山居然一面是黑色的土，另一面是黄白色的土，这座山倒是像两座山被拼在一起，竟然相融了。他说的那些真令人遐想不断，但更多的是羡慕，不知不觉间，第一趟车快到目的地了……

转了两次车后，四周的高楼大厦全都退化成一栋挨着一栋的"矮房子"。房子可以靠在身后的山旁，望着每天来来往往的行人，小小地休憩一下，尽享房子世界的天伦之乐。接下来的路我们的屁股就有点受苦了，没铺水泥的路真不好走啊！车子像摇篮一样，摇着摇着我们慢慢进入了梦乡。梦里，我依稀看到了那座大山离我越来越近，越来越近，山上的千花万草把大山装扮得像一个美丽的小精灵，他欢快地向我招手，好像也在欢迎我归家，欢迎我再陪他玩，他是那么天真、快乐、真诚，以至于我眼里竟然冒出了一颗颗晶莹的泪珠，我的鼻子一酸，想扑向他温暖安全的怀抱……

"喂，醒醒！喂，你们到了……"突然惊醒的我脑袋猛地往前一撞，差点撞出个大包。我揉了揉隐隐有些痛的额头，有点埋怨地看着司机，又往四周望了望，天已经暗了下来，依然能看清表上时针指着大大的数字"七"，却看不清远处的情况，窗外白白的一片，显然，我们被雾包围了。家乡的雾很调皮，常常脱离山父水母的视线，偷偷跑到外面创造属于自己的世界。想想自己小时候，不也是这样的吗？刚才提到的司机我认识，每次家里有什么或喜或衰的事，都会邀请他。刚刚我的动作也逗乐了他，笑我"反应敏捷"。一旁的青竹也被刚才我那一撞回过神来了。司机是个开朗幽默而热心的人，如果别人想要把什么东西带给另一个人而自己去不了的，他都会全力帮他们送达。嘴巴上也总挂着："乡里乡亲的，应该的！"不仅是他，乡里其他人都会这么尽量帮助那些需要帮助的人。

我和青竹跳下了车，车子继续往远方行驶。顿了顿，我再次向四周看去，我的目光再次触及那座我熟悉又梦寐以求的大山，此刻它就巍峨地耸立在我面前，既有些可爱又有些威武。我奔了过去，停在它面前，闭上双眼深深地吸了一口气，有一股家乡土地特有的香气冲击鼻子，又顺着呼吸道通向了心脏、肝脾，闯进了大脑，疏通了酣睡已久的肢体。那一瞬间，我仿佛融入了自然，我听到了来自山的水的那颗树、这棵草的，还有那群燕的呼唤，它们在呼唤着，也许我已回到了天上。我醉了，没沾酒；我梦了，没闭眼；我又醒了，因为我到家了……

伴着夜色，听着虫吟，悠悠自在地走在小径上。天上的星星伴我行，潺潺的流水和各种叫声传入人耳，震动人心！花间树上土里都散发着家乡特有的香气，轻轻地抚慰着我的心灵，传来一阵阵怦怦声，系动着归乡人的心怀。

此刻的我放慢了脚步，每一步都有不同的感觉。我把光源留给青竹，因为他第一次来。自己向着那熟悉的方向迈着脚步，路上偶尔会遇到同乡的人，他们都会热情地和我打招呼，我也会微笑着回复。不久，便进入了村子……

我领着青竹停了下来，我面前是一座黑黄黑黄的木房子，房顶上铺着一片一片雄黑的瓦砾，房子四周传来几声狗吠，偶尔也能听见母鸡带着小鸡归家的声音。房子一旁摆放着许多农用工具，它们安静地靠在那不声不响。唯有我们的脚步声打扰到一头正鼾鼾大睡的母猪，母猪愤怒地吼着……

到了家门口，在那干了的老木门前轻轻地拍了拍身上的尘土，跺了跺脚下的泥灰，反复搓了搓手心中的汗。手掌贴在门上轻轻地一推，门发出"吱呀"的声音。我踏进家门，传来了一句苗语"谁啊，有什么事吗？"听到这熟悉的声音，我尽量控制我那颗难以平复的心，朝着厨房方向回了一句："妈，是我，我回来了！"厨房那边传来一阵窸窣的声音，随后，一个身材中等偏瘦，皮肤黝黑，双眼有些凹陷，耳唇都有些红厚的妇女穿着一件蓝色的短袖站在了我面前。那是我的母亲我的妈妈啊！她生我养我，送我去读书。可比起两年前去时看到的，又多了一些变化。一下子，我这个小"大人"就扑进了母亲的怀中，眼里滚着热泪，像一个害怕受伤的孩子一样，怎么哄都不撒手，就那样紧紧地抱着，任凭青竹怎么看。

两年不见，是亲人，怎能不思怎能不想！虽然母亲嘴上责问我，回来也不说一声，不好好读书。但那只轻轻拍着背的手，出卖了她的心。母亲是爱我的，除了那一两句唠叨以外，就不再埋怨我不告诉她自己偷偷回来的事。谈了没几句，母亲起身去做饭。我家那只大公鸡今天真是倒大霉了，眼睛瞪得大大的，也许它也没料到，我怎么说回来就回来了呢？没办法，客人也来了嘛……

今天晚上的饭比我在城里吃的任何一顿都美味，就连吃惯山珍海味的青竹都胃口大开，赞不绝口！我一连吃了三大碗还不饱，可那也只是嘴，肚子早就抗议了，仿佛在说："再吃，再吃，信不信我爆给看……"这才肯收嘴……真是到了乡外，肚子饿，嘴巴饱；每每一回乡，嘴巴饿，肚子饱啊！虽然到了家，可母亲三句话不离学习和身体，唠唠叨叨了一晚，我也不像以前那样老躲着不听，而是每一句都牢牢镶在心中，静静地守护着母亲所给的爱……

　　晚觉时间早已过去，可青竹却激动得睡不着，坐在床头边一笔一画，写着什么。我撑着沉重的身体，超重的眼皮，问他在写什么，他只回答说："这里真美！山雄，水翠，花香，草柔；人美，人善，人朴实快乐！在这里生活应该会再延长十年的寿命吧，真羡慕你有这么美的家乡。"我知道，就算是夜晚，路边没有像城市那样的光彩照人，可山间、水中、路上透露出来的那一丝丝寂寥，那一点点悠悠的神秘真的会让人无限神往和喜爱。

　　伴随着"啪哒"一声，四周顿时一片黑暗，没有窗帘，也不需要窗帘。外面的虫吟还在奏着夜眠曲，幽幽的，陌陌的；风拂过树叶发出沙沙的声音，这样的感觉比安静更安静！我们听着自然之歌分别进入了各自的梦乡。里面，我们越过大山去望天；淌过小河去摸鱼；又躺在树荫底下，吃着一个又一个山果，数着一朵又一朵白云，还有……还有……

往事如云烟

姚念甫

深夜，桌子上摆着几张照片，照片上的人乐滋滋的，陌生又熟悉。那是晚饭后整理衣物时从墙上掉下来的，年久的袋子似乎装不下时光的沉重，被我一惊扰，便掉了下来。被弄得灰头灰脸的我看着照片上熟悉又陌生的样子，有一种久别的感觉。

小时候我是在外婆家长大的，读书后放暑假都在外婆家过。那时村里十分热闹，不管是我家的村子还是相隔几里的外婆家村子。只记得那天我刚放牛回家，与邻家的孩子踩着刚被秋雨滋润过的泥泞小路，脚上的平帆布鞋洗白的面上尽是泥。赶牛入圈，水已让牛喝过了。以前回来的伙伴约我在老地方见，而我早就跑回家去了。一进门，就闻到一股菜香，虽然只是一些简单的榨菜、大白菜，但对那时的我而言，已经是佳肴般的纯正了。老妈在洗菜。她说外婆家的村子有喜事，我们明天全家都得去住上一晚了。高兴的我直接盛好饭夹好菜奔到老地方去了。

老地方是一个草坪，有间教室般大，上面放着晒干的松木，泛着木香，地上尽是发黄的枯草。幼小的我们聚到一起，全村差不多十个小孩，在那谈论着我们幼稚的见识，我们的世界。我们说以后长大了还要来这住，来谈未来。我们互相换菜吃，吃完了一起嬉戏，直到阳光被黑夜吞噬，家人的喊声传遍整个村子时，意犹未尽的我们才回到自己家里。"听说……你二叔准备搬到县里去了。"听到妈妈这话，就想起二叔的儿子，跟我玩得特别好，上星期班主任告诉我们有人转学了。想到村子会少人，我越发不自在了。可是那时的我想到以后我们还会回到自己村子住，就觉得没什么了。记得第二天去外婆家，穿上新衣服的我一直奔在前头。望着满是松树的大山，还不时看到只松鼠，感觉现在的生活就是自己想要的。因为前几天下雨，鞋底已经粘上一大块泥巴，走起路来像穿着高跟鞋一样，虽然重，但我还是觉得很轻。外婆家的村子很大，各家各户散落在各处的山头之间，一条小泥路连起了这里的每一家。快到人家家门口了，我们还得把鞋底的泥巴刮掉。一进到堂屋，母亲就让我喊外婆了，一喊里面就涌出来好多人，都是因为我们要来，有几个是来陪我外婆闲聊的。我母亲一一指出我才知道都是什么人，就一一喊过。外婆看到我们一家子都来了，就提议让我们出去照个相，拍了几张照片做纪念。那时我舅刚工作就买了相机。我们就一群人在门口照了几张，有我外公外婆、有我奶奶、爸爸妈妈，人都很全。擦掉照片上的泪，看着挂满笑的人，看着照片里的那个世界。现在都变了。早年二叔还有点消息，现在的我都想不起了，外公也早在几年前走了。于是外婆便跟我舅到城里住去了。原先的坪场已架起了一幢木屋，空空的木屋。去年过年，村里办红白喜事也越发冷清了，很多人事忙，不愿来，来的话也就是看一下，记下礼，直接就走了。我问母亲，她说现在的人都有车，谁也不愿在这住一晚上了。

　　如今我也要走了，整理了这些旧照片，望着早已不是当年容颜的家乡，显得陌生又熟系，家乡只是乡，不是家了，以前的泥泞小路翻新了，成了不会有烂泥出现的水泥路，原本宁静的小道天天有车经过。原本热热闹闹的村子，因为家里没有老人了，也不再回来；因为家中有小孩上学，就搬进城了。越来越好的村子，越来越少的人啊，更多的人为谋生而进城，离开了这地方。老家便变得陌生了，去年二叔回来，看到二叔家儿子，我便想起了鲁迅笔下的闰土，眼前的伙伴已不再是心中的那个小伙伴了。记得那时二叔还叫住我，问我认不认识他时，我还以为又是一个认错的人。

　　国家在不断进步，村子也不断在变，我们也要跟上时代的步伐才行啊……

我的"双面"爸爸

柏雨佳

"总是向你索取，却不曾说过谢谢你……"

"老爸，快点给我钱，我都快迟到了"。似乎这已经成为我们之间唯一能交谈的内容了。

以前总是会有很多人问我，我的父亲是干什么职业的。我每次都敷衍地回答道："我不清楚。"我并不是不知道，我是不想说！

我的父亲是一名再普通不过的包工头，并不是什么坐办公室之类的工作。我不敢向同学们说爸爸的工作，我怕他们嘲笑我，那刻薄的笑声令我胆怯。

一天，我一如既往地向爸爸伸手要钱。爸爸摸了又摸，所有的口袋都翻了个空，脸色十分难看，什么都没说，只是哀声一叹摇了摇头。我耍着性子说不够用，爸爸把钱猛地拍在桌子上，大声地怒斥到："你把你爸爸拿去卖了看看值多少钱？真可惜你爸爸并不是什么摇钱树，摇不出什么金银财宝来！"爸爸的话像一把锋利的刀，正中胸膛。爸爸从来没有对我说过这样重的话，委屈的泪水在眼眶里直转，我低下头，回过身，泪水如雨水一般哗哗地往下流。我恨极了爸爸！

可是有一次。我放学回家时，爸爸突然给我打了一通电话，严肃地说道："丫头，你先听我说，等会儿进小区的时候，看看有没有人跟着你，回家后把门反锁。如果有人来敲门，不管他说他是谁，你都不要开门。如果有人硬闯，你就凶一点，把他们赶出去。如果他们不肯走，还想闹事，你别怕，立马打电话报警。"我听了有些瘆得慌，支支吾吾地问道："这……这是为什么？"爸爸惭愧地说："老板不拿资金给我，我一直拿我的钱垫给工人，现在没钱了，工人们都来找我要钱，而你外婆又病倒了，又花了一大笔钱，现在我和你妈妈都在照顾外婆，实在是没收入了。工人们都不相信我，所以要来我们家找我要钱。所以你此时此刻必须坚强，爸爸相信你！"我鼻子一酸，眼泪又流了下来，并不是因为我害怕那些人。

爸爸的话犹如一层厚厚的保护膜，把我保护得太好太好了，也擦亮了我的双眼！让我看到了父亲到底为这个家承担了多少！这就是我严厉而又慈爱的爸爸。

心中不禁唱起："时光时光慢些吧，不要再让你变老了，我愿用我一切换你岁月长留……"

笑对人生

邰丽江

加油吧！昂起头，插上翅膀飞天涯。有目标就出发，别管雨水有多大。成长的路上充满坎坷，一笑而过，你将笑其终生！

——题记

人生总会有许多故事，这些曾经发生的事也不过属于过去。你是自陷于其中而深陷不拔？还是收拾好你的情绪，再一次绽放出灿烂的笑容，重新踏上人生之路？朋友，请擦干你的眼泪。看，天空飘来五个字：那都不是事！

一笑而过是一种坦然，一笑而过是一种智慧，一笑而过是一种别样的成长。

人生需要风雨的考验，没有风雨就根本不会有彩虹。成功是对我们拼搏、付出努力、坚持的肯定，它使我们喜悦。而失败就如病危通知书，可即使如此，它却永远无法将你判决，你失去的不过是过去。朋友别忘了，未来还在等着你呢！有的人失败后，会试着再尝试一次，而有的人却一蹶不振。如果失败了，我们应该做的是调整自己的心态，坦然面对失败更是一种智慧。学会品尝失败的味道，将其作为教训，不断尝试，一次次挑战不可能！尝试也许会成功，可如果你因害怕会再一次失败而不去尝试，那么你永远只是个失败者。

朋友，扬起你自信的风帆，只有你才够资格当你人生的舵手。

友谊的力量

张平安

出门在外，没有一个朋友是不行的。生命也因为有了朋友而增添了一份光彩。

生命，因有了朋友而有了动力。曾经看到一个故事，一位企业家在开了公司一年后，因为种种原因破产了，他产生了轻生的念头。就在这时，他的一位朋友来敲他的门，开了之后拿着一张银行卡递给他说："这是我所有的积蓄，总共六千多块，密码在卡的后面。"说完之后转身就走。企业家深知这六千多块对他来说根本没用，他也深知这六千多块的来之不易。他的朋友一个月工资大约一千多，除去日常用的，能存进卡里的也就几百。他思考着。

于是他有了东山再起的念头，后来他的公司逐渐壮大，成为北京的一个富翁。这是朋友给他的动力！

朋友能给你不一样的快乐。

曾经自己受了欺负，正委屈时，他走过来说："没事的，走，咱去玩。"因为当时正在气头上，根本就没心情出去玩，于是拒绝了他。谁知，他竟在我旁边玩起来了，而我就看着他玩，似乎很高兴，于是就去和他玩。在玩得高兴时，突然发现：自己是怎么和他一块玩的？就在不知不觉中上了他的当，把自己的烦恼忘得一干二净。这是朋友给你生命中不一样的快乐！

朋友能在你生命中增添独特的感动。

以前，在书上看到一个打仗时关于朋友的故事：有两个人在战场中，有一位不幸被敌人的导弹炸到，他本想着不会再有生的希望。但是他突然想起了曾经和朋友一起承诺的一句话：无论在何时何地，只要一方有困难，另一个就一定要给予帮助。于是他坚持下来，和死亡进行斗争。最后他的朋友来了，他和他紧紧抱在一起，似乎忘记了战争还在继续。

朋友像大树，像烟花，在你受委屈、受伤时给你依靠和安慰，在某个时候会绽放灿烂的烟火，给你惊喜。

最爱黔东南

潘晓熊

　　她在碧山之间吹奏悠悠芦笙，她将玲珑翠田镶入山野，她在香炉山下孕育出如水一样纯真的民族。她是美丽的黔东南。

　　她是山城。她落在云贵高原之疆。在这里，山连山，连绵不断，呈现出典型的喀斯特地貌。智慧的苗族人经过历代的寻找最终选定在这清水江孕育出的沃土地上，用辛勤的双手筑起江滨吊脚楼。多少风雨过去了，山还是山，昔日江滨聚落已长成苗韵小城。她的身躯隆起幢幢小洋楼，借之哺育更多苗家后辈。越来越多的苗人赶着牛羊，喝着米酒来到这里。如今她是城之大到包山，山之广可围城，牛羊遍地，芦笙四起，米酒飘香。她是山城，我们美丽的黔东南！

　　她是苗都。几年前，一条铁龙穿山越水，来到她的面前，把她带出了苗岭，带向了世界。自那以后，她带人们走入了现代社会。无数铁龙穿梭于她，把苗族的后人一批批往外送，多年后再接回来。这些胸怀壮志的年轻人把网络拉进小城，拉近了苗岭里外的距离。她还在小城中修建铁龙的家——火车站，记得车站前还有一只跃起的公牛的雕像，象征我们这个民族与族人永不言败、奋力发展的伟大志向。如今，她把高速、高铁拉进苗岭，渐渐地她从苗乡发展长成实实在在的苗都。她是苗岭中一道亮丽的风景，她是苗都，我们美丽的黔东南！

　　她是苗族人的天堂。走在苗都每条街道上，我们都能看到穿着苗族服饰的人，他们可能是环卫工人、小摊小贩……这些不足为奇。因为这是苗都，有我们所能感受到更多在大城市感觉不到的苗文化气息。在街道上，嗅着苗岭清新的空气，伴着阿幼朵清脆动听的苗家山歌，扬起鼻尖寻觅四处飘溢的米粉与米酒的飘香，偶尔还能尝一口热情的苗家阿妹递过来的又辣又香的白酒。赶上苗族节日彩头，看一看苗人的斗牛，和我们一起在牛角的击碰声中兴奋尖叫；听一听苗人自编的劝酒歌，和我们一起放下腼腆品一口"门头酒"；放一放各自的大事小事，和我们一起在苗族的天堂共同播撒快乐。这里是苗族人的天堂，这就是美丽的黔东南！

苗人最爱她。苗乡人，爱苗乡。我是苗乡人，我去过"四季花园"的海南，拂过南海的海风，更爱苗岭的山风；我去过"人间天堂"的杭州，吃过江南的鱼米，更爱苗岭的香米。

大地神州，多彩贵州，最爱黔岭苗乡，最爱美丽的黔东南！

致亲爱的爸爸

刘佳鑫

亲爱的爸爸：

您好吗？

马上期末考试了，过年也就不远了，而对我来说最不愿看到的就是全家人围坐在桌子旁其乐融融说着家常，道着祝福，因为这个桌子上少了一个与我血浓于水的至亲的你——爸爸。

其实我曾听外婆提起过你们的事儿，你和妈妈是在外面打工认识的，因为你们的错误而有了我，在荒诞中世界上多了一个既幸运又不幸的生命，以前太小，我已记不清你们是因为什么原因而结束了这个错误，自我懂事以来，我已随妈妈来到了她的家（也就是外婆的家），又有了另一个爸爸。这个爸爸平时话很少，而我也不是性格外向的人，所以在平时的生活中我们的对话就是几句简单的答腔。去年小弟弟的来临打破了我们沉寂的家庭氛围，妈妈和爸爸更是格外高兴，而我似乎被晾在了无人关心的角落，看着妈妈怀中安稳入睡的小弟弟，我的脸上洋溢着喜悦的笑容，心里却被陈酿的醋浸泡，看着新爸爸为小弟弟忙前忙后的身影，我还心不甘情不愿地掩饰自己内心的失落，假意懂事地帮他们做些力所能及的小事，帮小弟弟拿来澡盆，准备好洗澡水和沐浴露，放好浴帽，干诸如此类的活儿。

妈妈平时忙着照顾小弟弟，所以平时我们沟通也不多，每星期谈得最多的可能就是关于我学习的话题，而我在想什么，我最需要的是什么，却从未提过。星期六、星期天又要去补英语，而每当我来到补习班，看到教室的门紧锁，或老师说今天由于某种情况不补课时，也就是我最开心的时刻，我真想把书包抛向高空，然后发自内心地狂呼呐喊，世界上最快乐的事情莫过于此。我不喜欢补英语，因为英语老师讲的那些我们在课堂上已经学了，而且无非就是做做题，这样的课堂毫无新意，不吸引我，但妈妈叫我去我还得去，我似乎已经没有了撒娇的权利，真的好悲哀。

考完试过后没多久就过年了，爸爸，至亲的爸爸，远在故乡的父亲，您还好吗？一直以来您为我做的我都明白，曾经的我因为不懂事，不理解您和妈妈为什么会离异而怨恨您，责怪您。也许你们也有不得已的苦衷，以前您打电话给我，我都不愿接，甚至有时我还大声地对您发脾气说"我没有爸爸"之类让您伤心的话，虽然生活现代化了，鼠标一点，咱们就可以对话，但您一直以来都是用笔给我写信，在笔尖中传达您对女儿的牵挂，在信中我能深深地感触到您对女儿始终觉得有一种愧疚感，还记得去年在我强烈的要求下，妈妈把我送到您那边，您放下手边的工作，陪我玩的那个暑假是我最开心、最真实的日子，不是因为您给我买了好吃的和漂亮的衣服，而是在您面前我才觉得那才是最真实的我，我靠着您坐在木马上，木马在高低起伏地向前转动，我和您的身影在空中滑过，我多想把时间定格，多想把您和我定格，永远停留在那充满欢声笑语的时刻。暑假结束，永远也忘不了您送我上车时的情景，没有过多言语，就是那一句："孩子，要听妈妈的话，等爸爸好了就一定会来接你玩好玩的……"平淡的言语中浸透着大地厚土般的爱，看着您那双醮满泪水的双眼又怎堪堂堂七尺男儿，火车在呜呜的汽笛中滑过轨道，这时我想到了朱自清笔下"望父买橘"的背影，是啊，天下所有的父爱都像山一样厚重。

年年岁岁花相似，岁岁年年人不同，如今又要过年了，爸爸您也在时间的年轮中逐渐老去，我想向您提个要求，爸爸，您该有一个自己的家了，让她好好照顾您，别让自己过得太苦了，回家有一碗热饭吃，让您的那间小房子像个家，同时我也希望您注意身体，其实生活永远都不会尽如人意，这是上苍的安排，因为我们一来到世间的第一反应就是哭的，也就告示着我们是来受苦的，所以一切都需要淡定，要学会给自己放假，不要永远都背负着因为自己没本事妈妈才离开您的心理负担，您应该有您自己的人生，去争取自己的幸福，那只是因为在那个错的驿站，你们在一个错的时间遇到了错的人，这些都过去了，重新生活吧，不要让这些不愉快的事成为您的痛。

快要过年了，在新年的钟声里振作起来，重新面对您的生活，重新审视您的人生，我希望您也能有一家老小围着年夜饭桌，其乐融融地话家常、道祝福的幸福时刻，我也希望您能早日感受到来自家的温暖和阳光的照耀。

奶奶种的芦荟

罗宇翔

两年前奶奶在阳台上种了一棵芦荟，刚开始时小小的身子也只有几瓣，可经奶奶的精心料理，不挑食的芦荟如今已是枝肥叶壮。

芦荟的外表很朴素，它没有花的香味，自然引不了蝴蝶的飞舞，也无法唤来蜜蜂长久的相伴，它就是单一的绿色，不开花也不结果，一年四季从一而终，只有厚厚的一层绿色叶片，叶片的两旁有许多排列整齐的小刺，但即便扎到人也不会很疼，它的叶片是聚集在一起交错向上生长的，叶片呈角状，如果仔细观察你会发现，芦荟的叶片上有一些小斑点，好像是在为这些绿色的外衣加以点缀，让它更有一种立体的美。

芦荟虽然素雅，但在生活中对人体的健康还是很有帮助的，在家里摆上几株，不仅能给家里的装饰增添点缀，而且能绿化环境，净化空气。

芦荟的价值还在于它在医学上的作用，它可以入药治口腔溃疡，还可以取新鲜的芦荟叶片洗净，从中间分开，剪去边上的刺，涂于蚊虫叮咬处立马见效，芦荟还可以美容，妈妈告诉我她用的洗面奶就是芦荟做的呢！

芦荟虽然无花也无果，颜色也比较单一，但我喜欢芦荟，它虽然没有华丽的外表，但它内在的价值却是无穷的！

唯美的秋天

邰明慧

　　春天生机盎然，夏天热烈而奔放，秋天硕果累累，冬天松柏傲寒，可谓一年四季各不同，而我却爱这唯美的秋天，因为这是一个收获的季节，这是一个五颜六色的世界！

　　果园里瞧去，梨果一个个迎着秋风，纷纷向人们展示自我的肥硕，你不让我，我不让你在树上狂挤来挤去；在一旁的石榴也不甘示弱，顽皮地露出了粉粉的脸旁，胖嘟嘟的肚子一鼓再鼓，我情不自禁地拿了一个，两手一掰用力剥去它美丽的外衣，石榴立马就露出了它美丽的肌肤，哇！实在是美极了，里面一颗颗石榴籽像一颗颗红色的宝石，似兄弟一样紧紧地团结在一起，虽然我早已口水直冒，但还是不忍心伤害它们中的任何一位兄弟。转眼看见架上一粒粒透亮的葡萄迎着夕阳像水晶一样可爱迷人，有红的、白的、紫的、暗红的、淡绿的，这些五颜六色的葡萄有苹果味、巧克力味、草莓味、牛奶味，可真是闻一闻就会垂涎三尺，吃一吃脆嫩甘甜，令人回味无穷！

　　庄稼地里望去，一排排玉米象士兵一样列队齐威，好似为专程迎接我们的到来，稻谷见了我笑弯了腰，秋风徐徐吹来，涌起层层稻浪，眼前呈现出了一片金色的海洋！

　　野外眺望，菊花、海棠花、月季花、牵牛花，蔷薇花……撒在草丛里，随风摇摆，千姿百态，蜜蜂在忙碌地采蜜，蝴蝶在花丛中翩翩起舞，这真是一个花的世界，人间的天堂。

　　秋天是黄色的，它象征着成熟；秋天是红色的，它象征着收获；秋天是绿色的，它象征着希望，我爱这唯美的秋天！

二十年后的聚会

姚晓芳

弹指一挥，二十年过去了，曾记得在初中时，班上几个要好的朋友约定在故乡聚会。这一天，阳光明媚，白云飘飘。

大家都有记住聚会这件事情，我和刚刚、明明已经到达约定地点了，只差东东一个人了。我们坐在一块大石头上等着他，不久后，东东风风火火地来了。刚刚大哥发话了："既然大家都来了，那就让我们比比自己的成就吧！"

明明第一个开口了，他现在是赫赫有名的医学专家了，说："我刚刚研制出治败血病的药，就犹如当年'白加黑'治疗感冒一样，效果一样出奇的好。"这一句话出来，把我们逗笑了。

刚刚也接着说他现在是有声望的农业学家，"我最近呀研究出'巨型农作物'，是专门为了这次比赛而准备的。这种巨型农作物只要种植在十几平方米的土地上就可以收获三百多斤重的农作物。"他说完，脸上出现了一丝骄傲感，吹了吹头发继续说："哼，怎么样，值得骄傲吧！"

"别高兴得太早了，我都还没有出手，别那么骄傲。"东东是具有很大声望的机械电脑专家，他高兴地说："我即兴发明了智能型机器人，谁不为之惊叹。它们能当老师，能当工人，能当探险家。我现在一直还在继续努力，让它们能当专家，也能制造东西。"

最后，一直没有说话的我开口了。"我的发明有很多，你们都是知道的，今天我特意带来参赛的'宝物'，你们大家都看到了，我刚刚才研制成功的，还未推向市场的'飞行器'。它的作用有很多，上天飞，下海游。还能在沼泽上走，在沙漠中行。装上了氧气，它就能带着你飞向太空，怎样，服了吧！"

　　刚刚又说："不要再争了，我们的水平不分上下，这次算打成平手。再过二十年，我们再来聚会，到那个时候，我们再看成绩，再比贡献。"大家乐开了，于是高兴地唱起来："再过二十年，我们来相会，伟大的祖国光荣属于谁？属于你，属于我，属于我们年轻有为的新一辈；祖国未来的繁荣昌盛，靠谁？靠你，靠我，靠我们年轻有为的新一辈"。